如何上好语文微型课

目标确定
新课导入
自主探究
难点突破
教师总结
作业布置
板书设计

葛红敏　张溢　著

中原出版传媒集团
中原传媒股份公司

大象出版社
·郑州·

图书在版编目（CIP）数据

如何上好语文微型课 / 葛红敏，张溢著. — 郑州：大象出版社，2021.9
ISBN 978-7-5711-0615-7

Ⅰ.①如… Ⅱ.①葛…②张… Ⅲ.①中学语文课-课堂教学-教学设计-高中 Ⅳ.①G633.302

中国版本图书馆 CIP 数据核字（2020）第 077875 号

如何上好语文微型课
RUHE SHANG HAO YUWEN WEIXING KE

葛红敏　张　溢　著

出 版 人	汪林中
责任编辑	梁金蓝　连　冠
责任校对	安德华
装帧设计	张　帆

出版发行	大象出版社（郑州市郑东新区祥盛街 27 号　邮政编码 450016）
	发行科　0371-63863551　　总编室　0371-65597936
网　　　址	www.daxiang.cn
印　　　刷	河南瑞之光印刷股份有限公司
经　　　销	各地新华书店经销
开　　　本	787 mm×1092 mm　1/16
印　　　张	19.25
字　　　数	311 千字
版　　　次	2021 年 9 月第 1 版　2021 年 9 月第 1 次印刷
定　　　价	49.00 元

若发现印、装质量问题，影响阅读，请与承印厂联系调换。
印厂地址　武陟县产业集聚区东区（詹店镇）泰安路与昌平路交叉口
邮政编码　454950　　　电话　0371-63956290

前言

　　《如何上好语文微型课》一书是著者对新课标高中语文人教版5本必修教材篇目进行的微型课教学设计，全书共有77篇教学设计。

　　微型课，顾名思义，就是具体而微的课型。"具体"是指微型课具备一节正常课堂教学的各个环节，从教学环节的完整性来看它就是一节课；"微"说的是比正常课堂教学时间短、教学内容相对少，从时间的长短和讲授内容的多少来衡量它是微课。正常课堂教学的型，加上教学内容相对少、教学时间相对短，于是一个形象的名字"微型课"就产生了。

　　2014年河南省中小学教师职称评审改革，增添了讲课答辩环节，以微型课的形式展示参评教师的教学智慧和专业素养；与此同时，各级的优质课评选活动也由说课的形式变成微型课的形式开展，教师招聘面试也有讲微型课的环节。时下微型课成为教学研讨、优质课比赛、教师职称晋升讲课答辩等考查教学技能的惯用样式。微型课之所以被看好，是因为它能够在较短的时间内很好地体现出教师的语言与书写、应变与调控、预设与生成能力，能够体现出教师运用新教学理念的能力和对核心素养的落实能力，能够让评委在短时间内全面衡量一个教师的理论素养和专业素养。

如何设计微型课、讲好微型课，对于青年教师，尤其是准备晋升职称、参加优质课评选的教师更是迫切需要的。著者根据自身讲课答辩的经验，以及近些年担任优质课评选、晋级讲课答辩评委时积累的一些成功案例，针对新课标高中语文人教版5本必修教材所选篇目进行微型课教学设计。在微型课设计过程中，我们借鉴、引用了一些成功案例的片段，在此，对所引用案例的作者表示由衷感谢。

本书中的教学设计，是基于语文核心素养的落实而进行的。在教学设计过程中，以学生为本，突出学生的学习主体作用，让学生参与到课堂学习活动中，让学生在课堂上都有所收获。本书中的教学设计是以学情作为教学起点，以解决学生学习中出现的问题为目的，重视教学思路设计，由学习目标确定、新课导入、自主探究、重难点突破、教师总结、作业布置、板书设计等七个方面组成，具有很强的针对性和实用性。从针对性和实用性的角度来说，对广大的语文教师，尤其是需要晋级、参加各种赛课的语文教师会有一定帮助。

张　溢

目录

必修 1

沁园春·长沙	2
雨巷	5
再别康桥	8
大堰河——我的保姆	12
烛之武退秦师	15
荆轲刺秦王	18
鸿门宴	21
记念刘和珍君	24
记梁任公先生的一次演讲	28
别了,"不列颠尼亚"	31

奥斯维辛没有什么新闻	36
包身工	40
飞向太空的航程	43

必修 2

荷塘月色	48
故都的秋	52
囚绿记	55
氓	59
采薇	62
离骚	68
孔雀东南飞（并序）	72
涉江采芙蓉	76
短歌行	80
归园田居（其一）	83
兰亭集序	87
赤壁赋	91
游褒禅山记	95
就任北京大学校长之演说	98
在马克思墓前的讲话	102

必修 3

林黛玉进贾府	108
祝福	111
老人与海	115
蜀道难	119
秋兴八首（其一）	124
咏怀古迹（其三）	128
登高	132
琵琶行（并序）	135
锦瑟	138
马嵬（其二）	142
寡人之于国也	145
劝学	149
过秦论	153
师说	158
动物游戏之谜	163
宇宙的边疆	167
一名物理学家的教育历程	171

必修4

窦娥冤	176
雷雨	180
哈姆莱特	184
望海潮	189
雨霖铃	193
念奴娇·赤壁怀古	197
定风波	200
水龙吟·登建康赏心亭	203
永遇乐·京口北固亭怀古	206
醉花阴	210
声声慢	213
拿来主义	216
父母与孩子之间的爱	220
热爱生命	225
人是一根能思想的苇草	229
信条	232
廉颇蔺相如列传	236
苏武传	239
张衡传	243

必修 5

林教头风雪山神庙	248
装在套子里的人	252
边城	256
归去来兮辞（并序）	260
滕王阁序	264
逍遥游	268
陈情表	272
咬文嚼字	276
说"木叶"	279
谈中国诗	282
中国建筑的特征	286
作为生物的社会	291
宇宙的未来	294

必修 1

沁园春·长沙

> **学习目标**
> 1. 理清思路，品味关键词语。
> 2. 理解景中寓情、情中显志的特点。

一、创设情境，导入新课

同学们，我们在初中时学过毛主席的诗词及有关秋天的诗词，毛主席的诗词通常给人豪迈、激昂之感，面对着自古悲寂寥的秋天，我们的诗人又会发出怎样的感慨呢？让我们一起走进毛泽东的《沁园春·长沙》。

二、整体感知，自由探究

1. 范读课文，请同学们思考：这首词描绘了几幅画面？根据内容给画面加个小标题。

明确：独立寒秋图、湘江秋景图、峥嵘岁月图、中流击水图。

2. 全词中有几个字可以把这四幅画面串联起来，找出这几个字并简述理由。

明确：立、看、怅、问、忆、记。

3. 是悲秋，还是颂秋？前人为何悲秋？毛泽东为何颂秋？

点拨：悲秋：科举秋闱　乡土情结　人生迟暮

颂秋：少年伟人气象　革命形势

三、赏析诗词，合作探究

请同学们分别朗读上下阕，思考：词的上下阕分别写了什么内容？它们之间存在什么样的内在联系？

明确：上阕主要写景，描绘了美丽壮观的湘江深秋景色，面对充满生机的秋景，提出谁主沉浮的问题；下阕侧重抒情，通过回忆，形象地概括了进步青年的特征，他们以天下为己任，肩负历史重任，指点江山，豪情满怀，壮志凌云，艺术地回答了"谁主沉浮"这一问题，即革命青年和站起来的中国人民来主宰这个世界。上阕写景是下阕抒情的基础，下阕抒情则是上阕含蓄情感的直接再现、升华。

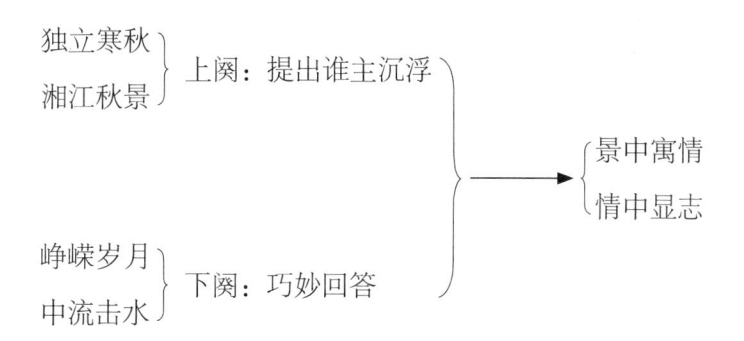

独立寒秋 ⎫
湘江秋景 ⎭ 上阕：提出谁主沉浮 ⎫
　　　　　　　　　　　　　⎬→ 景中寓情
峥嵘岁月 ⎫　　　　　　　　⎭　 情中显志
中流击水 ⎭ 下阕：巧妙回答

四、品味语言

福楼拜说：有几十个词可以描绘同一情景，但只有一个词最为准确，作家就是要找出那个唯一。本词用语精当，极富表现力，请找出并赏析。

明确："染"，运用了拟人手法，一个"染"字就把枫林仿佛人工染成的壮美景色描绘出来；"漫"，写出了江水满溢之状；"争"，展现江面千帆竞发、争先恐后的热闹场面；"击"，把雄鹰展翅奋飞、迅猛有力地拍打天空的那种矫健勇猛的雄姿描绘出来；"翔"，形象生动地写出了鱼在水中畅游时那种轻松自如的神态。

五、教师总结

本词上阕描述了湘江绚丽的秋景，面对如此壮美的山河，作者由自然想到社会的发展，发出了"谁主沉浮"的感慨；下阕追忆往昔岁月，巧妙回答了上阕的问题。主宰国家命运的必须是也一定是以天下为己任、战天斗地、意气风发的革命青年。

一代人有一代人的际遇，一代人有一代人的使命，今天的中国是属于你们的，老师希望你们也能够"指点江山，激扬文字"，能够视金钱如粪土，能够"中流击水，浪遏飞舟"。现在让我们用青春的意气、用浪遏飞舟的霸气齐读一遍全词。

六、作业

背诵并默写这首词。

七、板书设计（略）

雨　　巷

> **学习目标**
> 1. 分析诗歌的意象，了解诗歌的象征意义。
> 2. 体悟作者要表达的思想感情。

一、创设情境，导入新课

细雨如丝的江南，悠长寂寥的雨巷，一把孤寂的油纸伞，和着雨的叹息，撑出了一个青年诗人在特定时代的哀婉心曲。今天让我们共撑一把心灵之伞，走近戴望舒，与诗人一道去领略雨巷的风景，去追寻丁香一样的姑娘的芬芳。请同学们合上书，闭上眼睛，一起来聆听《雨巷》的录音。

二、自由诵读，品味情感基调

孤独寂寞，忧郁哀怨，忧伤彷徨。（缓读）

三、自读诗歌，品味意象

1. 找意象：丁香、雨巷、油纸伞、篱墙。

2. 这首诗总共描写了几位人物？（两位）分别是谁？（我和姑娘）

3. "我"和"姑娘"有着怎样的联系?

明确:"我"在悠长的雨巷中彷徨➞是希望逢着丁香一样的姑娘(想追寻姑娘)。

描写姑娘的语句:丁香一样、愁怨、颜色、芬芳、忧愁、哀怨。

姑娘慢慢走来,越来越近,投来太息般的眼光,擦肩而过,慢慢远离,越走越远,消失在雨巷的尽头,只剩下我一人,仍然撑着油纸伞,彷徨、等待、追寻。(我是一个等待者、一个追寻者)

4. 丁香姑娘的形象。

明确:美丽,高洁,结着愁怨,彷徨;冷漠、凄清,又惆怅;太息,凄婉,迷茫;静默,消散。

四、合作探究,主旨理解

《雨巷》是一首含蓄的诗,人们对这首诗的主旨有不同的理解,有人认为是爱情诗,有人认为是政治诗(雨巷、姑娘有他们独特的政治象征),请问你有什么看法?

1. 诗人对"丁香姑娘"是怎样的感情?

明确:追求,向往。

2. 那么,这个"姑娘"代表什么呢?

明确:(1)根据诗歌字面内容,姑娘就是一个女孩,诗人当时22岁,正沉醉于爱情。这是一首爱情诗。

(2)结合时代背景,姑娘是"我"心中的理想。

补充背景:《雨巷》这首诗是作者1927年夏天创作的,当时蒋介石发动了四一二反革命政变,国共合作破裂。反动派对革命者进行血腥屠杀,原来热烈响应革命的青年,一下子从火的高潮坠入黑暗的深渊。戴望舒此时才22岁,之前他与同学一起从事革命文艺活动,宣传党的工作,1927年3月还因此被捕。四一二反革命政变后,他就一直隐居在江苏。此时的他很彷徨,也很痛苦,看不到革命的前途,也不知道自己该怎样做。他在失望中渴求着新的希望的出现,所以姑娘是他心中的理想。

（3）有时候，抒情诗中的主人公往往就是诗人自己，诗中的形象往往就是抒情主人公的形象或形象的补充。我们看姑娘是忧郁、彷徨的，作者当时的处境也是忧郁、彷徨的，而且诗中多次出现"像我一样"，从这一角度可以说，诗人和姑娘是二位一体的，即"我"是实实在在的我，而"姑娘"是理想的"我"，未来的"我"，另一个层面的"我"。

五、教师总结

无论怎样理解姑娘的形象，我们看到诗人最终都没有放弃对姑娘的期望，没有放弃对美与理想的孜孜追求，尽管在诗人求索的过程中有惆怅、迷茫、失落和感伤。都说《雨巷》这首诗美，音节美、意象美、意境美，在我看来，它的作者戴望舒本身就是一种美，在他身上体现着一种略带一丝幽怨的、苦苦追梦的执着美。最后，让我们再次齐读这首诗，去感受它朦胧而无限的美。

六、作业

完成课后"研讨与练习四"。

七、板书设计

雨　巷
戴望舒

我：油纸伞、彷徨

希望遇着　｜雨巷｜

姑娘：丁香一样的愁怨、颜色、芬芳、忧愁

主旨 → 爱情诗
主旨 → 政治诗

再别康桥

> **学习目标**
> 1. 把握意象，品味意境，体味作者对康桥深深的依恋之情。
> 2. 鉴赏诗歌的音乐美、建筑美、绘画美。

一、创设情境，导入新课

同学们回忆一下，我们曾经学过的关于离别的诗歌有哪些？

这些离别诗，送别对象不同，风格也不同，有儿女情长的缠绵，也有慷慨悲壮的豪放，那么我们今天要学的《再别康桥》又是一种什么样的风格呢？是谁送别谁？本诗展示的又将是怎样的"别"呢？诗人与康桥有怎样的情分？我们来诵读诗歌，一一破解。

二、朗读诗歌，整体感知

1. 谈感受，诗歌"三美"的体现

音乐美：是对音节而言的，朗朗上口、错落有致，都是音乐美的体现。

（1）押韵，韵脚为：来，彩；娘，漾；摇，草；虹，梦；箫，桥；来，彩。

（2）音节和谐，节奏感强："轻轻""悄悄"等叠字的运用，增强了诗歌轻盈的节奏。

（3）回环呼应的结构形式。

建筑美：指的是节的匀称和句式的整齐。全诗共七节，四行一节，每节两句，单行和双行错开一格排列，每句字数6—8字，于参差变化中见整齐，首尾回环呼应、结构严谨，给人以整体之美。美学家说，音乐是流动的建筑，建筑则是凝固的音乐。读着本诗，有着流动的建筑美和凝固的音乐美，美不胜收。

绘画美：是指诗的语言多选用有色彩的词语。全诗中选用了"云彩""金柳""夕阳""波光""艳影""青荇""彩虹""青草"等有色彩的词语，给读者视觉上的色彩想象，同时也表达了作者对康桥的一片深情。全诗共七节，几乎每一节都包含一个可以画得出的画面。如向西天的云彩轻轻招手作别，河畔的金柳倒映在康河里摇曳多姿，康河水底的水草在招摇着似乎有话对诗人说……作者通过动作性很强的词语，如"招手""荡漾""招摇""揉碎""漫溯""挥一挥"等，使每一幅画都富有流动的画面美，给人以立体感。

2. 诗人临别之际，向康桥的哪些对象一一作了道别？

明确：云彩、金柳、青荇、潭水、星辉。

3. 这些意象营造出了什么样的意境？

明确：优雅、秀丽、宁静、和谐的意境。

三、合作探究，分析意象

1. 柳：与离别有关，"柳"与"留"谐音双关，诗人为什么要写柳？是谁留谁呢？将要离别的诗人是如何刻画"柳"的？

明确：康桥送诗人、留诗人，金柳、夕阳中的新娘，依依不舍，缠缠绵绵，诗人对曾经经历的幸福的康桥时光的缅怀，离别时的难舍难分，把康桥比作夕阳中的新娘，用了拟人的手法。请同学们参照老师刚才的分析，分小组分析并品味其他的几个意象。

2. 船、星辉是康河的实景吗？怎样理解驾着船去漫溯？

提示："漫溯"，逆流而上；寻梦，需追求、需努力，如屈原、李清照……

想当年，年轻的诗人在康桥做梦、寻梦 ⟶ 20 世纪 20 年代 ⟶ 求知梦、诗人梦、自由梦。

康桥再美也不过是一个美丽的梦，徐志摩也不过是一个过客，无限心事，万千不舍，都在轻轻地、悄悄地离别……

四、合作互动，突破重点

1. 本诗意象的选择有什么特点？

明确：诗人别康桥时，避开送行的人、周围的高楼大厦、车水马龙等平常物象，而选取云彩等自然景物，这就避开了人间烟火，营造出一种清新感。

2. 讨论这些意象的选择有什么作用？

分析讨论：柳

（夕阳照射下的柳枝）镀上了（妩媚的金黄色）随风轻轻摇摆 ⟶ 影子

倒映在水中像（美丽的新娘）⟶ 这样就把无生命的景物，化作有生命的活动，温润可人

柳树倒映在康河的柔波里，浸透着诗人无限的喜爱和眷恋的感情，波光里的艳影在水里荡漾，也在诗人心里荡漾。

归纳：景中见情，情中有景，情景交融。诗人的快乐通过恰当的意象选择达到了顶点，这是本诗意象选择的独具特色之处。

五、教师总结

在这首诗中，诗人选择了富有个性的意象，展现了康桥的生命、灵性。让读者体会到康桥带给诗人柔和飘逸的风度及双方间的情感融合：热烈而有分寸，淡淡的开始，淡淡的结束。加上复杂情绪的变化，丰富的联想，让人回味无穷。在别离诗中，继承传统古典的意象，但又注入现代人对母校的深情，超越一般人情的感叹，更具崇尚自我的个性色彩和追求自由的淡淡的象征意蕴。

在这首诗中，诗人淡化了对离别之情的宣泄，着重对康桥自然景色的描绘，

将爱与眷恋同对自然景物的赞美熔为一炉。景中含情，融情于景，在情景交融的意境中，使诗人的别情表现得更深更美，是情与自然的和谐统一。

六、作业

读《徐志摩诗集》，体会"三美"。

七、板书设计

再别康桥

徐志摩

新诗"三美"	品意象	悟情感	析手法
建筑美	金柳	爱	情景交融
音乐美	星辉	眷恋	景中含情
绘画美	云彩		

大堰河——我的保姆

> **学习目标**
> 1. 分析、鉴赏人物形象。
> 2. 体会诗歌表达的感情。

一、创设情境，导入新课

同学们好，上节课我们一起走近艾青，用心聆听了当时只有23岁的诗人在一个漫天飞舞着雪花的冬季，在阴冷的牢狱里，写给一位平凡女子的深情赞歌——《大堰河——我的保姆》，也从整体上把握了这首诗的行文思路。在自学交流过程中，大家提了许多有价值的问题：（1）诗歌的第三小节说"大堰河，今天我看到雪使我想起了你"，大堰河和雪有何联系？（2）诗歌的第十二小节为什么称大堰河的灵魂是"紫色的"？

这节课我们一起解答问题，走进文本，走近大堰河。

二、走进文本，感受大堰河形象

1. 自由朗读诗歌，感知形象，并把感受批注在书上。

预估答案： 身世悲苦、淳朴善良、乐观坚强、宽厚博爱、易于满足……

2. 找出并感受诗歌的细节描写。

预设：（1）"你用你厚大的手掌把我抱在怀里，抚摸我。"句中的"厚大"能否换成"温柔"？

明确：不能，更突出她的勤劳。

（2）"她含着笑"为什么连说六次？

明确：诗人将最感人的细节放大，这抹笑绽放在苦难的土壤里，更突出大堰河宽厚隐忍、坚强乐观的品格。

（3）把他画的大红大绿的关云长贴在灶边的墙上。

明确：对一颗稚嫩童心的守护和牵挂，彰显其善良朴实。

（4）做了一个不能对人说的梦。

明确：深爱乳儿，渴望乳儿幸福，视乳儿为自己真正的子女，这是一场永远无法实现的梦，这是一种执着于明知不能实现却始终不能忘怀的期待。

三、合作探究，难点突破

1. 为什么"大堰河，今天我看到雪使我想起了你"？

明确：大堰河的某些生活场景与雪有关，被雪压着的草盖的坟。雪，苦难的象征、纯洁的象征。雪或许是自己苦难生活的见证，大堰河给了苦难中的艾青以温暖、慰藉，于是处于寒冷之际想到曾给予自己温暖的大堰河。

2. "呈给你黄土下紫色的灵魂"，为什么是"紫色的灵魂"？

明确：紫色，忧郁的象征，就像大堰河四十几年的生活写照；紫色，高贵的象征，高贵，深沉，即便生命卑微，但灵魂高贵。灵魂因承受太多苦难而尊贵、伟大。

四、读写训练，能力拓展

请结合大堰河的生平事迹为她写一段颁奖词。

示例1：大堰河，这个卑微到连名字都没有的劳动妇女，她有着悲惨的身世，即使她的命运如此，她依然乐观、勤劳、善良、仁厚，可惜她仅仅活了四十几年，这样一个淳朴善良、慈爱温柔、乐观坚强的女子却怀着无限苦痛遗憾地离开了人世，她是那么深爱着她的乳儿，连梦里都喝着乳儿的喜酒，这么欢快的场景，梦都还没醒就离开了，大堰河让人们的心灵也为之感动。

示例2：或许她身份低微，或许她无貌无才，但她却给予了诗人艾青最诚挚的爱，敬爱的母亲啊，大堰河！她仁厚慈爱，用厚大的手掌传递母爱的温暖；她善良坚强，用期待的笑容面对劳动的艰辛；她沉默隐忍，用无法言说的梦寄托对乳儿的深爱；她勤劳朴实，用乌黑的酱碗盛上一碗食粮。她命运悲苦，却从不屈服，她就是世界上最伟大的母亲，大堰河！

五、教师总结

今天，我们一起深入文本，关注本首诗的细节描写，感受大堰河的形象。作者借助细节描写，抒发了对贫苦农妇大堰河的怀念之情、感激之情和赞美之情，从而激发人们对旧中国广大劳动妇女悲惨命运的同情，对这"不公道的世界"的强烈仇恨。

六、作业

完成课后"研讨与练习四"。

七、板书设计

大堰河——我的保姆

艾　青

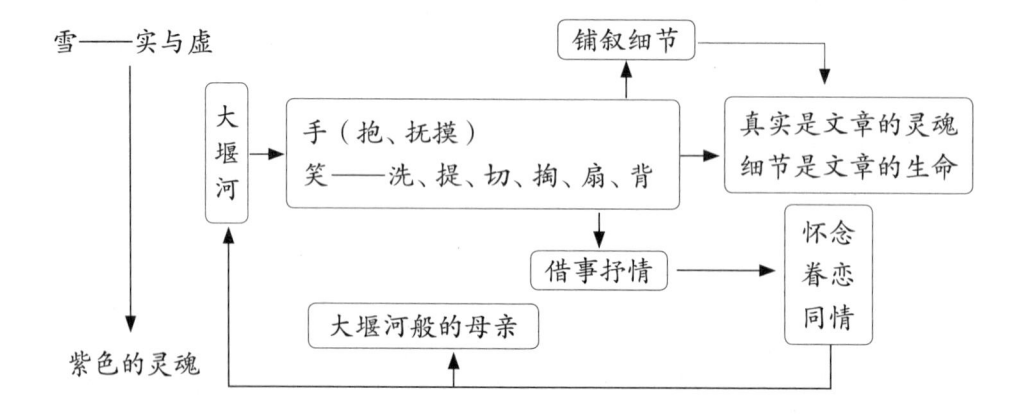

烛之武退秦师

学习目标
1. 品读课文第3段，鉴赏烛之武的游说艺术。
2. 赏析烛之武的形象，感受其爱国热忱。

一、创设情境，导入新课

上节课我们扫除了字词障碍，疏通了文意，这节课我们利用上节课所学知识，去领略烛之武的辞令之美，鉴赏他的游说艺术。

二、自读课文，重点感知

1. 文本的第3段包含着烛之武退秦师的游说艺术，你觉得烛之武抓住了哪几个利害点来游说秦穆公？请从文本中找出相关的词句，思考后试着点评。

明确：

三点理由：亡郑利晋阙秦；存郑利秦；晋忘恩负义，不可共事。

游说艺术：（1）欲扬先抑，以退为进。（郑既知亡矣。若亡郑而有益于君，敢以烦执事）

（2）阐明利害，动摇秦军。（越国以鄙远……邻之厚，君之薄也）

（3）替秦着想，以利相诱。（若舍郑以为东道主……君亦无所害）

（4）引史为例，挑拨秦晋。（且君尝为晋君赐矣……朝济而夕设版焉）

（5）推测未来，劝秦谨慎。（晋何厌之有……若不阙秦，将焉取之？阙秦以利晋，唯君图之）

2.你最欣赏烛之武哪一点？或者说，在你心目中烛之武是个怎样的人？

明确：

烛之武的形象：

志士：以国家利益为重，深明大义的爱国志士。

勇士：两军交战，生死未卜；出使秦军，成败难料；勇入秦营，知难而上。

辩士：不卑不亢，机智善辩。

三、合作探究，难点突破

烛之武尚未被郑伯重用，怎能了解秦伯的心理？烛之武最终劝说成功了，那么，除他的言辞高妙，文中还有哪些文字暗示烛之武的能力和他出使定能不辱使命？

明确： 1.佚之狐推荐时十分肯定的语气，暗示烛之武的能力；2.烛之武本人的满腹牢骚，暗示他一直关心国家大事，密切注意邻国动向，随时准备为国效力；3.郑伯对烛之武充满歉意，暗示烛之武有能力而不被重用。

四、学以致用，拓展探究

据记载，烛之武在成功说服秦伯退兵后，又来到晋军大营，成功说服晋文公撤兵。

想一想：烛之武采用了怎样的说辞？请同学们思考3分钟，各抒己见。

五、教师小结

在短短的百余字内，烛之武站在秦的立场上，替秦分析围郑的利弊，层层深入，句句击中要害，又句句打动秦伯，最终使秦国撤去了包围，保全了郑国。获得的好处不仅如此，而且还有秦郑结盟，秦派军队戍守郑国。这充分表现出烛之武机智善辩的外交才能。作者对烛之武作了正面描写，不管是牢骚，还是说辞，都集中地刻画了一位出色的辩臣的形象。而佚之狐的推荐、郑伯的自责、退秦师的事实，都从侧面烘托了这个人物。正面描写和侧面描写的结合运用，使烛之武的形象有血有肉。他的深明大义和捍卫国家主权的使命感值得我们学习。

六、作业

归纳整理本课文言句式及词类活用现象。

七、板书设计

烛之武退秦师

《左传》

游说艺术 ｛ 地理位置：越晋治郑难图
　　　　　　逻辑推理：亡郑利晋，保郑利秦
　　　　　　历史事实：晋背信弃义，不可共利
　　　　　　展望未来：晋无厌，必阙秦

烛之武形象：爱国志士、勇士、辩士

荆轲刺秦王

> **学习目标**
> 1. 梳理情节，把握文本内容。
> 2. 分析、归纳人物形象。

一、创设情境，导入新课

上节课我们梳理了字词，归纳了文言现象；本节课我们梳理情节，重点分析人物形象。请同学们自读课文，概括本文的情节。

二、自读课文，概括情节

明确：【板书】行刺缘起　行刺准备　行刺经过　行刺结果

三、合作探究，分析、归纳人物形象

1. 从课文中找出你最喜欢的段落，反复阅读，勾画批注，归纳概括。

行刺缘起：朗读荆、丹对话，品析语言。

荆：言出必行、智勇双全、秉性刚强。

丹：惊恐焦急、浮躁多疑、谋事不周。

【板书】荆—反衬—丹

2. 私见樊於期。

荆：父母宗族……可以解燕国之患，而报将军之仇者——擅长辞令，讲究策略。

樊：偏袒扼腕……遂自刎——义勇刚烈。

【板书】荆—正衬—樊

3. 易水送别：烘托荆之悲，视死如归，大义凛然。

4. 廷刺秦王：

荆：动作、语言。

武阳：色变震恐。

群臣：惊，尽失其度。

秦王：惊，起，绝，拔，操，走。

反衬 → 荆 { 有勇有谋 / 临危不惧 }

四、问题探究，突破难点

如何看待荆轲这一形象？他是英雄吗？

提示：介绍古人对荆轲的评价。

陶潜：其人虽已没，千载有余情。

鲍彪：轲不足道。

朱熹：轲匹夫之勇，其事无足言。

司马迁：其立意较然，不欺其志，名垂后世，岂妄为哉。

左思：虽无壮士节，与世亦殊伦。贱者虽自贱，重之若千钧。

明确：

古人的态度：有赞赏（肯定）、批评（否定）两种。

赞赏：荆轲挺身而出、不避艰险的英勇气概，不畏强暴、临危不惧的高尚品格和知其不可为而为之的顽强精神，作为中华民族的传统美德，值得学习。

批评：荆轲看重义气，有血气之勇，但缺少政治眼光，不懂得秦国统一天下是历史发展的必然趋势，想依靠个人（或少数人）的力量，借助恐怖手段，刺杀秦王，保全燕国，这在政治上是逆历史潮流而动的，在行动上也是注定要失败的。

五、教师小结

荆轲粗犷豪迈，沉着勇敢，见义勇为，不畏强暴，不怕牺牲。他面对强秦镇定自若，从容不迫，凛然而有生气。行刺秦王虽然失败，但他那种刚毅不屈、慷慨赴难的精神，千秋万载令人感奋。荆轲刺秦王这件事并不能真正挽救燕国的危亡，荆轲也是为报太子丹的知遇之恩才毅然前往的。荆轲之所以值得肯定，并不在于为太子丹报私怨，而在于他站在斗争的最前列反对秦国对山东六国的进攻和挽救燕国的危亡。千百年来，受压迫的人们之所以敬仰荆轲，也正是基于他那种同情弱小和反抗强暴的侠义精神。当然这当中也包含了"士为知己者死"的豪情，这既是荆轲本身的局限，也是作者的局限。从荆轲刺秦王的做法来看，这种个人的恐怖手段是不可取的，企图凭借个人的拼杀来改变历史的进程更是不可能的，这些都反映了历史的和阶级的局限。

六、作业

完成课后"研讨与练习四"。

七、板书设计

荆轲刺秦王

《战国策》

情节	人物形象	荆—反衬—丹
行刺缘起	智勇双全	荆—正衬—樊
行刺准备	临危不乱	方法
行刺经过	擅长辞令	正面：行动、语言、神态、
行刺结果	大义凛然	侧面：对比、环境烘托

鸿门宴

> **学习目标**
> 1. 熟读课文，梳理情节。
> 2. 学习本文刻画人物的写法，分析人物形象。

一、创设情境，导入新课

上节课通过诵读、默读对本篇重点的字词、句式进行了梳理归纳，本节课我们重点梳理情节、分析人物形象。

二、速读课文，整体感知，梳理情节

明确：宴会前，交代鸿门宴的由来。

宴会中，双方尖锐斗争。

宴会后，刘邦脱身，张良入谢，刘邦诛杀奸细。

三、自读文本，分析、鉴赏、归纳人物形象

1. 结合文章对其他人物形象的刻画，谈谈作者是怎样将人物刻画得如此个性鲜明的。

整合归纳：

（1）语言描写。

先看刘邦对项伯的表白："秋毫不敢有所近"——说"不敢"而显恭顺。"籍吏民，封府库，而待将军"——"待"，多么虔诚！"日夜望将军至"——说"望"而不说"等"，多么迫切！

再看刘邦的卑辞"谢罪"：俯首称臣，言必称"将军"，说自己与项羽"戮力而攻秦"，是战友而非敌人。将"先入关破秦"说成是不自意，以表自己的力量不如项羽。把"得复见将军于此"当作是自己莫大的荣幸以满足项羽的虚荣心。最后，他还把项羽的愤怒归咎于"小人"的挑拨，为项羽推卸责任，及时给项羽一个台阶下。

（2）动作描写："樊哙侧其盾以撞"，"起，立而饮之"，拔剑切而啖生彘肩，体现其豪爽粗犷。

（3）对比衬托：刘邦的从善如流与项羽的刚愎自用；樊哙与项庄；张良与范增。

（4）矛盾冲突：没有项羽与刘邦的矛盾冲突，就没有舞台展示人物的性格。

2. 归纳人物形象。

【板书】

情节	人物		方法
宴会前	项羽	刘邦	
	沽名钓誉	善于用人	矛盾冲突
宴会中	缺乏政治远见	能言善辩	
宴会后	刚愎自用	当机立断	对比、烘托

四、学以致用，能力迁移

阅读下面这则短文，抓住刻画人物形象的方法，简析短文中人物的形象。

（苏秦）说秦王书十上而说不行，黑貂之裘敝，黄金百斤尽。资用乏绝，去秦而归。……形容枯槁，面目黧黑，状有愧色。归至家，妻不下纴，嫂不为炊，父母不与言。

乃夜发书，……读书欲睡，引锥自刺其股，血流至足……一年而学成，遂为六国相。

将说楚王，路过洛阳。父母闻之，清宫除道（打扫房间，清扫道路），张乐设饮，郊迎三十里。妻侧目而视，侧耳而听。嫂蛇行匍伏，四拜自跪而谢。苏秦曰："嫂何前倨而后卑也？"嫂曰："以季子之位尊而多金。"苏秦曰："嗟乎！贫穷则父母不子，富贵则亲戚畏惧。人生世上，势位富厚，盍可忽乎哉？"

明确：苏秦的亲人唯利是图。短文通过对苏秦失意时亲人的冷漠与得意时亲人的恭敬进行对比，通过动作描写、语言描写、神态描写等方法，塑造了鲜明的人物形象，呈现了一个世态炎凉、权钱至上的社会。

五、教师小结

"风萧萧兮乌水寒，英雄一去兮不复还。"可是，一颗星的陨落黯淡不了整个星空，一朵花的凋谢荒芜不了整个春天！项羽败了，项羽的失败黯淡了刀光剑影；刘邦赢了，刘邦的胜利赢取了华夏文明。

六、作业

以"项羽，我想对你说"为话题，写一篇不少于500字的短文。

七、板书设计（略）

记念刘和珍君

> **学习目标**
> 1. 引导学生把握课文的思想感情，明晰作者情感发展的脉络。
> 2. 品味语言，理解关键语句的含义。

一、创设情境，导入新课

本篇文章是鲁迅为纪念"三一八"惨案死难学生刘和珍而写的，请同学们默读课文，思考：本文为纪念刘和珍君，纪念了刘和珍的哪些事迹？从中可以看出刘和珍是一个怎样的青年？"我"的表现及"我"的情感是怎样变化的？

二、自读课文，整体感知

1. 本文为纪念刘和珍君，纪念了刘和珍的哪些事迹？
2. 从文中可以看出刘和珍是一个怎样的青年？

明确：

【板书】事迹　　　　　　　　　　　　　　　　人物形象

①生前就很爱看"我"（鲁迅）的文章　　　　　追求进步

②毅然预定全年《莽原》　　　　　　　追求进步

③成为学生自治会主席　　　　　　　　有组织能力

④常常微笑着，态度温和　　　　　　　善良、谦和

⑤虑及母校前途，黯然泣下　　　　　　站在时代前列，目光远大

⑥"欣然前往"参加请愿　　　　　　　　勇赴国难

⑦中弹牺牲　　　　　　　　　　　　　殒身不恤

三、品读课文，合作探究

"我"的表现及"我"的情感是怎样变化的？

【板书】："我"的表现　　　　　　　　　　"我"的情感

我也早觉得有写一点东西的必要　　　　　爱护

我实在无话可说　　　　　　　　　　　　哀痛

我也早觉得有写一点东西的必要　　　　　愤怒

我正有写一点东西的必要　　　　　　　　愤怒

我还有什么话可说呢　　　　　　　　　　愤慨

我还有要说的话　　　　　　　　　　　　仇恨

呜呼，我说不出话来　　　　　　　　　　愤怒

四、品味语言，品析感情

预设：

1.真的猛士，敢于直面惨淡的人生，敢于正视淋漓的鲜血。这是怎样的哀痛者和幸福者？

明确：运用了反问的修辞手法。"真的猛士"指真正勇敢的革命者。"惨淡的人生"指反动统治下的黑暗现实。有血性的人清醒地意识到现实的黑暗，怎能不哀痛？为现实哀痛，为死难者哀痛，而那些浑浑噩噩的庸人，得过且过，甘受压迫，最终只能一直生活在惨淡之中，甚至不知哪一天淋漓的鲜血就从自己的身体流出。清醒者能直面、能正视，甚至能为理想而牺牲也可算幸福者。只有正视，才有可能

超越。

　　这句话放在今天也是很有意义的，我们现在可能谈不上面对惨淡的人生，淋漓的鲜血，但生活中确实有一些艰辛与困苦，比如我们现在面对的高中生活，比较苦也比较累，我们要选择逃避吗？正视的态度，直面的勇气，迎难而上，最终将看到梦想开花。

　　2.惨象，已使我目不忍视了；流言，尤使我耳不忍闻。我还有什么话可说呢？我懂得衰亡民族之所以默无声息的缘由了。沉默呵，沉默呵！不在沉默中爆发，就在沉默中灭亡。

　　明确："沉默"有两种含义、两种结果：一是"爆发"，沉默的过程是积蓄力量的过程，是爆发的先兆；一是"灭亡"，甘受压迫，国家、民族更加衰颓下去。作者选用选择复句，启示人们：事情已到了尽头，对中外反动派说什么也没用，必须起来斗争，表明了作者的斗争意志和殷切期望。

　　3.当三个女子从容地转辗于文明人所发明的枪弹的攒射中的时候，这是怎样的一个惊心动魄的伟大呵！中国军人的屠戮妇婴的伟绩，八国联军的惩创学生的武功，不幸全被这几缕血痕抹杀了。

　　明确："伟大"一词有"赞颂"说与"反语"说。持"赞颂"说的认为这一部分的中心是赞颂刘和珍等爱国青年沉勇友爱、临危不惧的精神。另外，在此句中"当……的时候"这一介宾短语使用并不恰当，用了这个介宾短语使句子成了无主句，如删去，就不难理解"这"指代前一句，侧重点是"三个女子从容地转辗""惊心动魄的伟大"，是赞颂刘和珍等人的勇敢行为和不怕牺牲的精神。持"反语"说的认为这是讽刺当局对爱国青年的攒射，这样也就能与下文的"伟绩""武功"等反语协调一致。我认为是兼而有之。

　　"文明""伟绩""武功"运用了反语的手法。这两句话赞颂了三个女子临危不惧、沉勇友爱的伟大精神，揭露了杀人者的罪恶行径，表达了作者万分悲愤的心情。

　　4.人类的血战前行的历史，正如煤的形成，当时用大量的木材，结果却只是一小块，但请愿是不在其中的，更何况是徒手。

明确："大量的木材"喻指代价巨大的流血斗争，"其中"指流血斗争。作者用煤的形成来比喻牺牲巨大才换来了社会的一点进步，深刻阐明"人类血战前行的历史"往往要付出极大的代价才能前进一小步，而且"请愿是不在其中的，更何况是徒手"。由此，沉痛地指出这次惨案的经验教训，意在告诉国民认清反动统治者"吃人"的本性，吸取血的教训，改变战斗方法。付出与收获不一定成正比，但不付出就不会有收获。

5. 苟活者在淡红的血色中，会依稀看见微茫的希望；真的猛士，将更奋然而前行。

明确：这个并列复句，十分恰当地评价了"三一八"死难烈士对于将来的意义。尽管在这"并非人间"的世上活着的，有许多是"苟活者"，但即使是"苟活者"，也将从壮烈的事件中看到一点希望，哪怕是"依稀""微茫"的。而"真的猛士"将越来越多，先驱者的壮烈精神将激励、鼓舞他们更加勇猛、坚定地去斗争、前进。

"苟活者"首先是说自己，因为鲁迅先生严于解剖自己，同时也是为映衬刘和珍等人的勇毅形象。"苟活者"也说那些不敢斗争，暂得偷生的"庸人"，鲁迅先生希望这些人能看到希望，起来战斗，这也是战斗的号召。

五、教师小结

其实这篇散文值得我们品味赏析的地方远远不止这些，称鲁迅为我国"现代文学第一人"绝对不算过誉。小说集《呐喊》《彷徨》，散文集《朝花夕拾》，杂文集《华盖集》《华盖集续编》等，老师希望你们不仅能像条件反射一样说出来，更为重要的是能进入文本深入阅读，知道这些集子都写了些什么，感受鲁迅何以被称为文学家、思想家、"民族魂"。

六、作业

查阅"三一八"惨案的资料，扩展阅读。

七、板书设计（略）

记梁任公先生的一次演讲

> **学习目标**
> 1. 学习细节描写及侧面烘托刻画人物的写作方法。
> 2. 体会梁任公先生的真性情与爱国情怀及作者对先生的仰慕之情。

一、创设情境，导入新课

《诗经》有言"高山仰止，景行行止"，比喻崇高的德行，梁任公先生正是那高山、那景行。今天我们就跟随梁实秋先生一起走进清华，去领略梁任公先生的风采。

二、初读文本，整体感知

1.标题是"记梁任公先生的一次演讲"，这是一个动宾短语，压缩一下就是"记演讲"，那么这篇文章的中心是不是就是写一次演讲呢？

明确：不是，本文似是记事，实为写人，是通过演讲这件事来写梁启超先生。

2.标题中对梁启超为何要以"任公先生"相称？

明确：以号相称，这是表达学生对老师的敬意。

3.这篇文章里，作者流露的应该是对梁启超先生怎样的感情？

明确：崇敬、景仰之情。

三、再读文本，品文品人

1. 请大家从文中找一找，文中都写了梁任公演讲时的哪些方面？

明确：

立外貌　　肖像特点——很有精神，智慧，和善

　　　　　神态特点——自信，洒脱，神采飞扬

　　　　　独特开场白——谦逊自负，诙谐幽默

描语言　　声音——沉着有力、洪亮激昂

写动作　　敲头——自然随和

　　　　　手舞足蹈、掩面顿足、狂笑太息——率真、洒脱

抓侧面　　屏息以待，欢喜，泪下沾襟

　　　　　对于中国文学产生了强烈爱好

其貌不扬 ⎫
谦逊自负 ⎬ 梁任公 ⎰ 有学问
随和率真 ⎥   ⎨ 有文采
潇洒自然 ⎭   ⎱ 热心肠

2. 我们平常说这个人"热心肠"是什么意思？

明确：对人热情，喜欢帮助别人，也就是乐于助人。

3.《记梁任公先生的一次演讲》这篇文章最后一小节中说道："有学问，有文采，有热心肠的学者，求之当世能有几人？"可全篇文章并无一处写到梁先生乐于助人的事，那么这篇文章中的"热心肠"如何理解？

四、三读文本，难点突破

引导学生理解梁启超的"热心肠"及家国情怀。

提示：《箜篌引》隐含先生的政治立场，他犹如那位白发狂夫般坚持自我理想，即使变法失败；《桃花扇》先生痛哭流涕，如此悲痛，他悲的不仅是崇

祯皇帝，明朝的灭亡，悲的更是光绪帝，维新变法的失败，也悲自己的一腔爱国情怀；《杜甫》于涕泗交流中张口大笑，任公生活在军阀混战时期，社会动荡不安和杜甫生活时代相似。战乱平定，杜甫喜极而泣，任公也为之开怀大笑，体现其忧国忧民，希望国富民安的爱国情怀。

【板书】热心肠：爱国情怀

五、教师总结

这就是梁启超先生，眼里常含忧时伤世之热泪，心中总怀强国新民之梦想。先生是最多情的，因而他也是最痛苦的，他的晚年是真的不谈政治吗？他专心学术、热衷演讲的目的就是培养我中国之少年来实现他少年中国之梦想。这就是我们敬仰的梁启超先生。《诗经》中有一句话：高山仰止，景行行止。比喻崇高的品德，光明正大的行为。任公先生就是那高山，我们仰慕他，更要学习他将爱国精神融注在自己的生命中，为了国家富强安定而"行健不息须自强"。

六、作业

完成课后"研讨与练习三"。

七、板书设计

记梁任公先生的一次演讲
梁实秋

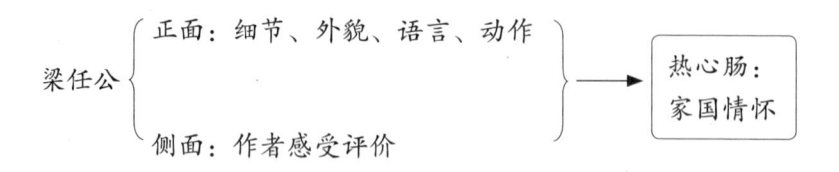

梁任公 { 正面：细节、外貌、语言、动作 / 侧面：作者感受评价 } → 热心肠：家国情怀

别了,"不列颠尼亚"

> **学习目标**
>
> 1. 了解新闻知识,掌握文体特点。
> 2. 培养学生的爱国主义情感,激发民族自信心和自豪感。

一、创设情境,导入新课

1997年7月1日是一个彪炳史册的日子,这一天,中国正式对香港恢复行使主权,这是一个雪百年耻辱、长民族志气、振国声威的日子。作为中华儿女,我们都应该记住这一时刻。为了记下这一庄严神圣的历史时刻,四位新华社记者通力合作,不辱使命,为盛世纪实,为历史留影,连夜写下了《别了,"不列颠尼亚"》这则新闻,这则新闻在众多作品中脱颖而出,技压群芳,获得第八届中国新闻奖一等奖。能获此殊荣自然可称精品,这篇文章有何精彩过人之处呢?让我们一同走进课文,共同欣赏。

二、补充介绍新闻知识

1. 新闻是对新近发生的群众关心的重要事实的报道。
2. 构成新闻的要素:何时、何地、何人、何事、何因、何果。

3. 消息的特点：真实性、时效性、篇幅小。

4. 消息的结构：

标题（必有）。

导语（必有）：消息的第一自然段或开头的一两句话，一般称为导语。

主体（必有）：主体是导语之后，构成消息内容的主要部分。

背景：一般说，背景材料是消息的从属部分。它无固定的位置，但通常安排在主体之中，有时也可成为消息的主要材料。

结尾：消息要把事实写得完整，逻辑严密，结尾需得响亮、有力，发人深思，给人启迪。

三、初读文本，提炼、归纳信息

找新闻事实，本文主体部分就是1997年香港回归、英国撤走的几个重要场面，请同学们快速阅读并找出来。

讨论明确：

4时30分：降下港督旗　　　　晚6时15分：降下英国国旗

子夜时分：举行中英香港交接仪式　0时40分：离开中国

四、再读文本，品味精彩

1. 作者按时间顺序选取了这样四个特殊的场景，特殊在哪里呢？精彩之处在哪里？

讨论：首先来看第一个场景

4时30分，降下港督旗，我们看一看彭定康的表情是什么样的。（凝重）他为什么这样？这也从侧面说明了什么？他愿意离开吗？但是又不得不离开，因为我们国家强大了。他还会回来统治香港吗？文中怎样说：最后一位港督。不会再有英国人来统治。对于中国来说，我们收回了行政权。此刻你的心情是什么样的？（高兴、振奋）这只是英国告别仪式的序幕。

再看第二个场景

晚6时15分，英国告别仪式，降下英国国旗。

告别仪式是在什么环境下进行的？（雨越下越大）渲染了怎样的气氛？（英国人要离开这里的失落）我们回顾历史，156年前英国凭借坚船利炮野蛮地抢占了香港，从那时起每一个中国人都热血沸腾，时刻期盼着香港回到祖国。而今天另一名英国海军士兵在威尔士亲王军营旁的这个地方降下了米字旗。你的心情是什么样的？（大仇得报、痛快）这里运用了什么修辞手法？（对比）从这一升一降中你能感受到什么？（庄重的，又带着点英国的不甘、悻悻然、失意这样的情绪，我们国家强大了，香港回归的自豪）这次降旗标志着什么呢？（英国统治的结束，对于中国来说，我们收回了军事权）英国这一次降旗比起港督府降旗意义更深远。这是英国告别仪式的发展。

第三个场景

交接仪式现场，作者写升旗仪式有多么庄严了吗？（没有）作者只是在客观地叙述6月30日的最后一分钟，米字旗在香港最后一次降下。这标志着什么？（标志着英国对香港长达一个半世纪的统治宣告终结）在新的一天来临的第一分钟，五星红旗伴着《义勇军进行曲》冉冉升起，这标志着什么？（标志着中国从此恢复对香港行使主权）子夜时分一降一升的对比中你又体会到了什么？（激动、振奋人心、扬眉吐气，民族强大的自豪感）这既是英国告别仪式的高潮，又是尾声。假如让你来写，你会选取哪些角度来写？

总结：这里作者没有写升旗仪式的庄严，也没有写香港回归时热闹喜庆的场面，而是用非常客观的语言叙述了大英帝国昨天抢占香港的事实和今天三次降下旗帜的事实。在不动声色中，中国就恢复行使主权，让国人备感振奋。这就是这则新闻的独特之处。

【板书】选取视角独特

2. 结语部分精彩之处。

主体部分可谓是挥毫泼墨，而结语部分却惜墨如金，仅有13个字，它的精彩也毫不逊色。

（1）"大英帝国从海上来，又从海上去"有何含义？（讨论）

明确："从海上来"指的是什么？意味着什么？英国 150 年前凭借着坚船利炮打开了中国的大门，开始了对香港的殖民统治。

"从海上去"指的是什么？标志着什么？而今却要离开这里，他不愿意离开，但是又没有办法，因为中国再也不是那个被人任意宰割的弱国了。

（2）这一来一去用了什么修辞手法？（对比）你能体会到作者什么样的心情？（想象一下当年英军的神态，今天又是什么样？）

明确：胜利的自豪之情溢于言表。

如果直白地说该怎样表述？（滚回去）

作者为什么不这样说呢？（国际关系、语言得体）这里没有讽刺也没有谩骂，胜利的自豪之情却不言而喻，所以说结语虽然只有 13 个字却包含无穷的意蕴，能够充分体现本文的语言特点。

【板书】 结语庄重含蓄

3. 进一步感受本文的语言特点。

除结语的精彩之外，你还能从本文的哪些语句中感受到语言的精彩之处？（学生分析讨论，老师点评）

4. 文章标题的精彩之处。

本文语言庄重含蓄，字里行间洋溢着强烈的自豪感，不张扬，又不失礼仪，真是痛快。你还能从哪里体会到本文的精彩之处？对比老师的拟题（中国收回香港），比较一下谁的精彩。（讨论一下我拟的题为什么不好）同学们说得非常好，回过头来分析标题到底精彩在哪里。（讨论）同学们补充。

标题：倒装句式　象征手法　简洁　情感自豪

标题的精彩之处在于：【板书】新颖、简洁

五、教师总结

本文重温了香港回归那一刻的激动与自豪、可以说精彩不断。作者选取英国三次降旗这一独特视角，在不动声色中，表达了强烈的自豪感；在庄重含蓄的语言表述中，把英离港、香港回归这一激动人心的大喜事渲染得淋漓尽致。在今后写作中要学习这样的写法。

六、作业

为我们即将开幕的第三届中学生艺术节写篇新闻报道。

七、板书设计（略）

奥斯维辛没有什么新闻

> **学习目标**
> 1. 概括本则新闻的写作特点。
> 2. 引导学生铭记历史，珍爱和平。

一、创设情境，导入新课

通过课前的预习，相信同学们一定有了收获和感受，同学们也提出了很多有价值的问题，这些问题归纳起来有两个：第一，为什么"没有什么新闻"却成了特大新闻？第二，此新闻有何独特之处？为什么会成为新闻史上的名篇？本节课将就这两个问题展开讨论。

二、自读课文，梳理探究

1. 这篇新闻有没有体现一般新闻的普遍性？

讨论、明确：

真实性，真实的景象，真实的感受；客观性，客观的事实存在；时效性，14年后重游所写，似乎没有时效性；异常性，与奥斯维辛不相配的景象。

2. 最突出的新闻特性是什么？

明确：新闻的异常性。

3. 有哪些（异常）细节让你觉得具有震撼效果？

示例1："在德国人撤退时炸毁的布热金卡毒气室和焚尸炉废墟上，雏菊花在怒放。"为什么要把废墟和怒放的雏菊花组合在一起？

明确：一边是残害生命的毒气室和焚尸炉，一边是生机勃勃的生命，两种反差极大的事物对照式放在一起，这样的景象让人震撼。它是对灭绝人性的罪行的控诉，同时也告诉我们：多么残暴的力量也阻止不了生命的进程，邪恶是镇压不了正义的，自由与光明之花、人性与生命之花必将灿烂地开放。

示例2："最可怕的事情是这里居然阳光明媚温暖，一行行白杨树婆娑起舞，在大门附近的草地上，还有儿童在追逐游戏。"为什么说是可怕的事情？为什么要写儿童？为什么不写人们的耕种，人们的忙碌，大人们的悠闲？

明确：这里的景象固然美好，却与它的历史不协调，这里曾经是人间地狱，应该永远没有阳光，百花永远凋谢。表达了作者强烈的愤怒和控诉。

儿童是天真的，他们不知道历史的沉重。儿童是世界的未来，我们更应该在他们长大后告诉他们人类历史上曾经的罪恶。我们不仅要铭记历史，更应当在对历史的反思中，呼唤人性与善良，呼唤良知和对生命的尊重，在孩子们，在每一位生者的心中播种下文明与自由的种子、善良与良知的种子，让人性之花、尊重生命之花在每一位生者心中绽放。

杀人工厂不再杀人，甚至呈现出一派祥和、安宁、生机勃勃的景象，极为异常。这就是最大新闻。

三、再读课文，深化思想

1. 如果说这样充满生机的安详宁静的景象是异常的，那么怎样的景象才是正常的？你怎样理解"没有什么新闻"？既然没有，为什么还要报道？说明还是有一定的新闻价值的，那么具有怎样的新闻价值？

讨论、明确：奥斯维辛是纳粹德国建立的集中营，是一所令人不寒而栗的杀人工厂。它总共存在4年零9个月，即1730天，在这段时间，共有400万人死在那里，平均一天死去2312人，这就是当年人们听惯了的每天发生在奥斯维辛集中营里的骇人听闻的新闻！

而今天的奥斯维辛——曾经的杀人工厂，已经不再杀人。就常理而言，这里确实没有可供报道的新闻。可美国记者罗森塔尔则意识到，曾经的杀人工厂已经不再杀人，这对爱好和平的人来说，是他们经历了多少磨难、付出了多大牺牲才换来的最激动人心的好消息，这难道不值得报道，不值得与读者分享吗？杀人工厂不再杀人，甚至呈现出一派祥和、安宁、生机勃勃的景象，这就是最大的新闻！

【板书】

过去：杀人工厂

今天 { 不再杀人，这对爱好和平的人来说是最激动人心的好消息 / 甚至呈现出一派祥和、生机勃勃的景象 } 最大的新闻

2.报道这篇新闻仅仅是因为"杀人工厂不再杀人"吗？还有其他的原因吗？

明确：不再杀人，安详宁静，固然让人欣喜，但是也意味着，大门外的儿童，世界各个角落享受着宁静、和平的人们是否知道当年这里的一切？作者要借助这篇报道警醒人们不要忘记那段黑暗的历史，意在唤醒人们关于灾难的回忆。

四、拓展探究，提升思维

1.忘记历史意味着背叛，怎样才能更好地警醒人们呢？

明确：最大限度地突破"零度创作"原则，真实再现参观者的主观感受，注重细节，再现历史，以唤起人们的灾难记忆。

2.这让我想起了我们的1937年12月13日，南京大屠杀。34万同胞被日本人残忍地杀害，时至今日，奥斯维辛式的罪恶仍未绝迹。为了不让悲剧重演，生活在和平时代的我们，应该对过去有着怎样的认识？又应该为未来做些什么？

明确：我只想说一句话，德国已经对自己的罪恶行径进行了真诚的忏悔，我们期待日本的忏悔。

五、教师总结

让我们一起诵读本文获得普利策新闻奖的颁奖词，作为本节课的结束语吧！

《奥斯维辛没有什么新闻》突破新闻"零度写作"原则，着眼细节，以冷峻的视角，深沉地描述了今天的奥斯维辛集中营纪念馆。在恐怖与快乐、战争与和平、历史与现实的反差中，它唤起人们关于灾难的记忆、关于生命的思考、关于人性的自省。它的发表充分地表现了一个新闻记者的使命感，更以迫人的力量震撼生者的心，成为新闻史上不朽的名篇。

六、作业

"这是一个二十多岁的姑娘，长得丰满，可爱，皮肤细白，金发碧眼。她在温和地微笑着，似乎是为着一个美好而又隐秘的梦想而微笑。当时，她在想什么呢？现在她在这堵奥斯维辛集中营遇难者纪念墙上，又在想什么呢？"

这位可爱的姑娘会想些什么呢？请你展开想象，写一篇300字左右的短文。

七、板书设计

奥斯维辛没有什么新闻

罗森塔尔

新闻的普遍性、真实性、客观性、时效性、异常性　　着眼细节　　唤醒人们关于灾难的记忆

突破"零度写作"　→　不要忘记那段黑暗历史

包身工

> **学习目标**
> 1. 长文短读，提取信息，概括观点；联系背景，把握作者的情感倾向。
> 2. 学习写人叙事的写作技巧，培养关注社会的意识。

一、创设情境，导入新课

同学们，我们刚刚学习了《奥斯维辛没有什么新闻》，我们知道奥斯维辛集中营是人间地狱、杀人工厂。今天咱们再回顾一段往事，这段往事发生在20世纪30年代，在上海的一些工厂里有着这样一些中国女工，她们没有基本的人权，过着猪狗不如的生活，对工作没有做与不做的自由，她们有一个共同的名字——包身工。下面请同学们自读课文，找出写包身工的段落，并概括所写的内容。

二、速读课文，找出写包身工的段落，并概括所写具体内容

速读课文，理清思路。

新闻事实	背景材料
晨起——恶劣的住宿条件	包身工的来源，包身工制度的形成
早餐——恶劣的饮食条件	帝国主义雇佣包身工的原因，包身工制度的发展
上工——恶劣的劳动条件	在中国的日本纱厂飞跃庞大，包身工制度的膨胀
放工——榨干最后一滴血	黎明的到来无法抗拒，包身工制度必须灭亡
总结：悲惨的生活和劳动	穿插包身工制度的形成—发展—膨胀—灭亡

三、问题探究

1. 用自己的语言给包身工下定义。

明确：包身工是指20世纪二三十年代（时间）在上海东洋纱厂里（地点）为外国人工作（工作性质）的女工。因为这些女工在进厂时已经签订了卖身契，失去了人身的自由权，所以被称为"包身工"。

2. 包身工给资本家带来的好处是什么？

明确："在一种特殊优惠的保护之下，吸收着廉价劳动力的滋养，在中国的日本纱厂飞跃地庞大了。单就这福临路的东洋厂讲……创立第一厂的时候，锭子还不到两万，可是三十年之后，他们已经有了六个纱厂，五个布厂，二十万个锭子，三千张布机，八千工人和一千二百万元的资本。"

3. 作者对这一现象的评价是什么？

明确：（1）看着这种养小姑娘营利的制度，我禁不住想起小时候看到过的船户养墨鸭捕鱼的事。

（2）我也想警告某些人，当心呻吟着的那些锭子上的冤魂！

四、合作探究，难点突破

请同学们分组合作，分别找出记叙部分中的点与面，并讨论这些细节描写

的作用。

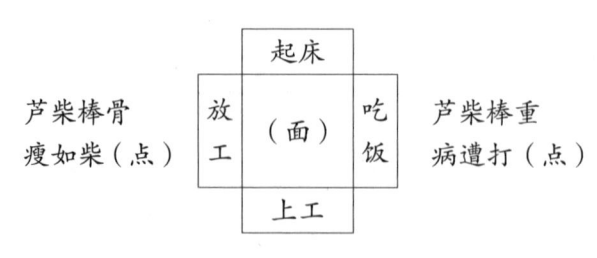

```
                芦柴棒出场（点）
                ┌──────────┐
                │   起床    │
     芦柴棒骨   │放        吃│  芦柴棒重
     瘦如柴（点）│工  （面） 饭│  病遭打（点）
                │   上工    │
                └──────────┘
                小福子挨打（点）
```

点：典型人物、事件、细节、场面，文章的骨架；点上描写使所写内容既充实丰满又生动形象。

面：一般的概括性的材料，文章的血肉；面上的描写使所写内容有整体感。

五、教师小结

《包身工》这篇文章是夏衍经过长期的实地调查，在大量详细可靠材料的基础上写成的。他以铁的事实、精确的数据、精辟的分析和评论，把劳动强度最大、地位最低、待遇最差、痛苦最深的奴隶一样做工的女孩子们的遭遇公之于世，愤怒地控诉了帝国主义及买办势力的残酷剥削和掠夺中国工人的罪行。

六、作业

完成课后"研讨与练习四"。

七、板书设计（略）

飞向太空的航程

> **学习目标**
> 1. 学习本文规范的结构特点。
> 2. 理解新闻标题的含义。

一、创设情境，导入新课

远古时期就有嫦娥奔月的神话，几千年来，人们一直做着飞天梦。也只有到了现代，梦想才变为现实。如何让梦想变为现实的呢？就让我们跟随作者一起来经历飞向太空的航程。

二、自读课文，概括本则新闻报道的导语、主体及结尾

第一部分（第1～3段），导语。2003年10月15日，载人航天飞船"神舟"五号发射成功，意义重大。

第二部分（第4～26段），主体。按时间顺序，叙述了中国的飞天梦及我们实现飞天梦的艰辛过程。

中国航天大事记：

1958年毛泽东发出"我们也要搞人造卫星！"的指示。

1960年中国第一枚火箭成功发射。

1970年中国成功地将自己的第一颗人造地球卫星送上了太空。

1992年中共中央作出实施中国载人航天工程的战略决策。

"长征"系列火箭发射久经考验。"神舟"一至四号飞船的成功发射。

第三部分（第27~30段），结尾。回到现实，一个民族迎来了飞天梦圆的辉煌时刻。

三、再读文本，拓展讨论

新闻报道强调及时性，这篇文章大量引用的一些背景材料好像跟"神五"的发射没有什么关系，这样写是否符合新闻的要求？

明确：符合新闻的要求。使文章的立意更高，将目光投向历史的深处，按时间顺序，叙述了中国的飞天梦以及我们实现飞天梦的艰辛过程，使事件本身更加凝重；更符合读者的心理要求，都希望了解事件背后的故事；狂欢之中的冷静回顾，也使得事件本身的意义更加突出。

四、合作探究，突破难点

1. 本文标题有什么含义？

明确：本文标题有两层含义。其一，本文要传达的新闻事实是中国载人航天飞船飞向了太空，并取得成功，标题可以指"神五"发射的过程。其二，从背景材料，我们看到中国的航天梦经过几代人不懈的努力终于取得成功，标题也喻指这一探索过程。

2. 本文标题是"飞向太空的航程"，文中开始写了"神舟"五号的发射现场，按照新闻的一般写法，接下来应该报道"神舟"五号航天的有关情况，但文章却笔锋一转，写了近半个世纪以来中国航天人的奋斗历程，这样写有什么作用？

明确：新闻的主体部分，作者并没有继续叙述"神舟"五号飞船发射的经过，而是宕开一笔，用一个过渡段过渡到对中国航天研究史的回顾中。这一部分所占篇幅最长，引用一些背景材料，这就使得本文和同题材的其他新闻报道有了很大的不同。大多数新闻都是很详细地描述火箭发射的过程，党中央以及国人对于此事的关注，飞船上天后杨利伟的所见所感，即使有一些背景资料，也只是寥寥几笔。本文作者立意的角度更高，他们认识到"神舟"五号的发射成功是中国航天史上具有里程碑意义的事件，我们的目光不应该只是关注这样一些琐碎的场景，读者急需了解这一事件背后的故事。所以他们把目光投向了历史的深处，按照时间顺序，叙述了中国的飞天梦以及我们实现飞天梦的艰辛过程。也正是因为把事件放在了历史的长河中去考察，才使得事件本身更加凝重。

五、教师总结

本文开头记录了"神舟"五号升入太空的重要历史时刻，然后以时间为顺序，回顾了近半个世纪以来中国人的航天之路，材料丰富，条理清晰。学习完本文，不但增长了知识，更增添了民族自豪感。

六、作业

一个民族，迎来了飞天梦圆的辉煌时刻，此时此刻我们都激动万分，一定有许多话想说，那么就将我们的兴奋与思考写下来吧。写一篇《飞向太空的航程》读后感，不少于500字。

七、板书设计

飞向太空的航程

贾永　曹智　白瑞雪

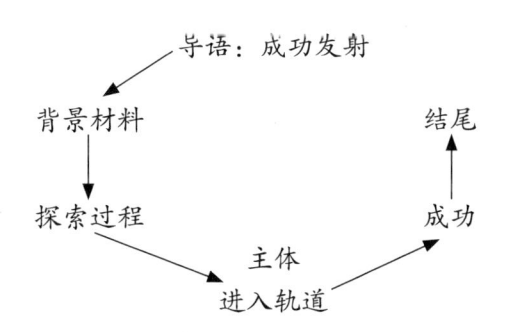

```
            导语：成功发射
              ↓
    背景材料              结尾
       ↓                  ↑
    探索过程            成功
          ↘          ↗
            主体
          进入轨道
```

必修
2

荷塘月色

> **学习目标**
> 1. 朗读课文，理清思路。
> 2. 赏析情景交融、借景抒情的艺术手法。

一、创设情境，导入新课

在一次"中学生最喜爱的十大课文"的问卷调查中，名列榜首的是《荷塘月色》，更有人说《荷塘月色》树立了现代散文的终极典范，今天我们就和盛名之下的《荷塘月色》来一次亲密的接触。

二、整体感知，自主探究

自读文本，思考：

1. 夜深人静之时，作者为什么突然想去荷塘散步？

明确：心里颇不宁静。

【背景链接】1927年，大革命失败，白色恐怖蔓延，朱自清陷入彷徨苦闷之中，既不满现实，又不敢投入火热的革命斗争，内心苦闷。为排遣内心的苦闷，就想起日日走过的荷塘。

2. 为排遣心中的不宁静，作者走过的路线是怎样的？

明确：出家门—走小路—观荷塘—观四周—回家门。

3. 一夜畅游，作者找到心灵的宁静了吗？画出描写作者心情的句子，并加以总结。

明确：不宁静—寻宁静—得宁静—失宁静。

总结：淡淡的喜悦与淡淡的哀愁。

三、合作探究，重点赏析情景交融、借景抒情的艺术手法

带着满腔的期待，朱自清来到荷塘边，他眼中的荷塘夜景又是怎样一番景象呢？

1. 自读课文第 4 自然段——月下荷塘，找出作者所描写的景物。

景物	手法	心情
叶：密、高、美	比喻	淡
花：姿态柔美、晶莹剔透	博喻	淡
香：淡淡的	通感	的
波：快速	比喻	喜
流水：脉脉	拟人	悦

2. 自读第 5 自然段——荷塘月光，找出作者所描写的景物。

景物	手法	心情
叶子、花	比喻	淡淡的
月色	通感	喜悦

3. 自读第 6 自然段——荷塘四周，找出作者所描写的景物。

景物	手法	心情
树	叠词	淡淡的
灯光	比喻	哀愁

四、学以致用，活用鉴赏方法

在品读赏析第4、5自然段的基础上，引导学生用刚才所学的赏析方法分析两个写景片段。（多媒体展示材料）

1."寒飒飒雨林风，响潺潺涧下水。香馥馥野花开，密丛丛乱石磊。闹嚷嚷鹿与猿，一队队獐和麂。喧杂杂鸟声多，静悄悄人事靡。那长老，战兢兢心不宁；这马儿，力怯怯蹄难举。"这段文字选自《西游记》，思考一下这段文字描写了什么景物？体现了人物什么样的心情？

明确：景物：深山野林，飞禽走兽的纷杂声。心情：忐忑不安的心境。

2.寒塘渡鹤影，冷月葬花魂。这两句诗，哪一句是林黛玉的，哪一句是史湘云的？为什么？

明确："寒塘渡鹤影"是史湘云的。"冷月葬花魂"是林黛玉的。

因为林黛玉是绛珠草下凡还泪的，寄人篱下。"冷月葬花魂"即是主人公在最凄冷的月夜里孤独死去的悲凉结局的预示。

3.林黛玉和史湘云两人身世相似，都是自小没了双亲，为什么她们笔下会有如此不同的景物？

明确：两人性格不同。

五、课堂总结

本节课，我们分析了作者的行踪和感情线索，赏析了文中的景物描写及景物所蕴含的感情，理解了情景交融的艺术手法的运用，希望我们学以致用。

六、作业：

以"我的校园"为描写对象，写一段不少于200字情景交融的文字。

七、板书设计

荷塘月色
朱自清

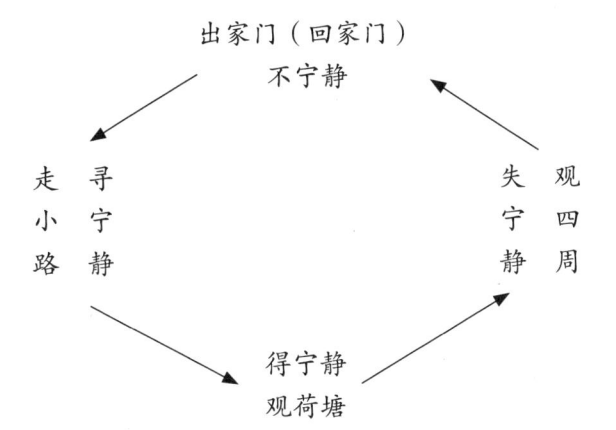

```
         出家门（回家门）
              不宁静
          ↙           ↖
    走 寻              失 观
    小 宁              宁 四
    路 静              静 周
          ↘           ↗
            得宁静
            观荷塘
```

故都的秋

> **学习目标**
> 通过赏美景，领悟作家内心的独特感受。

一、创设情境，导入新课

有位散文家写过这样一句话，"秋天，这北国的秋天，若留得住的话，我愿意把寿命的三分之二折去，换得一个三分之一的零头"，他就是郁达夫，怎样的秋天让作者愿意折寿去换取呢？今天，让我们一起走进郁达夫的心灵世界，共同学习他的散文名篇《故都的秋》。

二、整体感知，自主探究

1. 自读课文，找出作者描写的"故都的秋"的特点。

明确：清、静、悲凉。

开篇点出自己对北国秋天的独特感受，开篇点题，统领全篇。

2. 文章是通过哪些具体景物来描写故都的秋的特点的？

明确：牵牛花、槐蕊、秋蝉、秋雨、秋枣。

3. 根据所写景物，文章描写了几幅秋景图？有什么共同特点？

明确：五幅。分别是秋晨静观（秋晨小院）、秋槐落蕊、秋蝉残鸣、秋雨话凉（闲话秋雨）、秋果盛景。作者通过这五幅秋景图来表现故都的秋的清、静、悲凉。

【板书】忧伤、悲凉是它们的共同基调。

三、领略意境、合作探究

1. 欣赏第一幅小院秋景图，是如何体现"清、静、悲凉"的？

听得到青天下驯鸽的飞声——境的"静"；细数日光、静对牵牛花——心的"清""静"；一椽破屋、破壁腰——境的"悲凉"；牵牛花的色——境的"清冷"。

2. 赏析第二幅到第五幅小院秋景图。

我们可以想象这样一幅幅画面：这样冷清的氛围自然而然地传递出几许悲哀，几许落寞，不必渲染，人便沉浸在这故都的秋的秋味里了。

四、知人论世，以意逆志

1. 有人认为本文是颂秋，有人认为是悲秋，你认为呢？从文中找出句子来印证你的看法。

明确：颂秋。用南国之秋与之对比，用博喻写出对故都的秋的热爱与眷恋。文中客观之景融入作者情感的向往、热爱、眷恋。而作者的主观情感中又有秋的苦闷、忧思、落寞。本文是用深沉的忧思和落寞的悲凉来颂秋的。

2. 作者对秋极尽赞美之情，可我们从字里行间感受到的却是作者的孤独、忧伤和悲凉，这是为什么呢？

明确：（补充背景资料）作者的生平遭遇；作者以写自然之秋抒内心之愁，便是此文的特色。

3. "清、静、悲凉"的故都之秋，正是郁达夫"清""静""悲凉"心境之"秋"的折射。郁达夫对于这种秋味是礼赞的，那么从中我们可以看出他是一个怎样的人？

明确:（1）具有独特的审美趣味;（2）特别的人生经历和特别的个人气质。

五、教师总结

本文正是通过一幅幅由冷清的氛围自然而然传递出的几许悲哀、几许落寞的画面，来描摹故都的秋。我们可以想象这样一幅画面：这样冷清的氛围自然而然传递出几许的悲哀，几许的落寞，不必渲染，人便沉浸在这故都的秋的秋味里。本文正是借助一幅幅冷清的画面，来完成故都的秋的悲凉的颂歌。

六、作业

完成"课后研讨与练习三"。

七、板书设计（略）

囚绿记

> **学习目标**
> 1. 体会作者由爱绿到"囚绿""释绿"的情感变化。
> 2. 了解借物抒情、寄意散文的鉴赏方法,理解"绿"的象征意义

一、创设情境,导入新课

绿色是希望之色,是生命之色,它不仅是芸芸众生喜欢的颜色,也是文人墨客歌咏的颜色,这样充满生命力的绿色,我们"求"之不得,可有人却偏偏要"囚"住它。要想认清其中缘由,请让我们一起走进陆蠡的《囚绿记》。

二、自主阅读,整体感知"绿"

1. 阅读标题,大家通过题目知道了哪些内容?

明确:记,交代文体是散文;囚,占有,囚系;绿是描写对象;囚绿是课文主体。

2. 要求在阅读过程中拿起笔随时勾画出生字、词语、优美词句、疑惑句。

三、研读文本，探讨"囚绿"

1. 研读课文第 8 段。

（1）绿是什么？"我"为什么如此热爱这抹绿？

明确：绿是圆窗外面长着的常春藤，当太阳照过它繁密的枝叶，透到我房里来的时候，便有一片绿影；绿色是多么宝贵啊，它是生命、希望、慰安、快乐。我忘记了困倦的旅程和以往的许多不快的记忆，人是在自然中生长的，绿是自然的颜色。

（2）勾画出"囚绿"原因的句子，勾画出一些关键词句，并加以简析。

明确："牵进"是优雅、轻柔的动作，体现作者对绿的喜爱之情；"装饰"心情可解释为"改变、安抚、调节、慰藉"，慰藉心灵。

教师补充："葱茏""猗郁"词语移用，它们本是用于形容植物茂盛的，这里用来形容爱、幸福和年华，点明了绿色的象征意义和作者对绿色的挚爱。

2. 研读课文第 9～12 段。

（1）朗读这几段，并寻找描写绿枝条被囚后生长变化的句子，讨论"绿"的性格特点及作者对常春藤的态度。

明确：①"它依旧伸长，依旧攀缘，依旧舒放，并且比在外边长得更快。"

写出常春藤的固执，生命力旺盛、蓬勃。作者的态度：喜欢。

②"它的尖端总朝着窗外的方向。甚至于一枚细叶，一茎卷须，都朝原来的方向。"

写出常春藤的固执，向着阳光和自由。作者的态度：有些不快。

③"它渐渐失去了青苍的颜色，变得柔绿，变成嫩黄；枝条变成细瘦，变成娇弱，好像病了的孩子。"

写出常春藤的柔弱、固执。作者态度：对常春藤的情感发展到可怜、恼怒，滋生魔念。

（2）结合"绿"的特点，讨论作者赋予"绿"什么特殊的象征含义。

明确："绿"象征生命、希望，向往光明、自由，永不屈服。

（3）理清文章思路，以"囚绿"形式的动宾短语来概括情节。

明确：寻绿—赏绿—囚绿—释绿—怀绿。

四、研读文本，欣赏那抹绿

朗读课文第5段，用圈点批注的方法，找出你认为最优美的句子或词语并加以赏析。

明确：（1）我怀念着绿色把我的心等焦了。

（2）我怀念着绿色，如同涸辙的鱼盼等着雨水！

（3）我急不暇择的心情即使一枝之绿也视同至宝。

这组句子表现出作者焦急、渴望、高兴的心情。

（4）我疲累于灰暗的都市的天空和黄漠的平原。

（5）门虽是常开着，可没人来打扰我，因为在这古城中我是孤独而陌生的。

（6）我忘记了困倦的旅程和已往的许多不快的记忆。

这组句子表现了作者淡淡的忧伤。

总结：作者的心情有高兴，又有种淡淡的忧伤，而且还非常渴望得到；作者天天欣赏着这片绿色，这是生命之绿，希望之绿，慰安之绿，快乐之绿。作者对绿的感情越来越深，达到一种极限，因爱而囚。那么绿一直被囚住了吗？

五、合作探究，评论那抹绿

重点研读"释绿"和"怀绿"的段落。

1. 教师范读，注意勾画，大家发现了哪些问题？

明确：卢沟桥事件发生了，北平情势危急。因为要离开北平，作者提前"释绿"，也是释放了自己，真诚的祝福和怀念绿友等。

2. 展示作者简介、背景资料，讨论"囚人"指代什么。

明确：表面指绿，实际是向往光明、永不屈服的作者与中华民族的象征。

3. "绿"象征着什么？在文中具体指什么人？

明确：象征光明、自由与和平。

在文中具体指：（1）向往光明和自由、坚贞不屈的作者本人。

（2）蒙难、渴望自由与和平的人们。

（3）日寇铁蹄下坚强不屈的中华民族。

六、教师总结

作者通过对窗前的一株不屈于黑暗而永向光明的常春藤的描写，采用象征的手法，抒发了作者对光明与自由的向往之情，颂扬了中华民族忠贞不屈的民族气节。当我们的生命之绿被囚住时，我们不能失去生机，更不能枯萎和凋落！要永远向着阳光生长！勇敢地追逐生命的美丽和辉煌。

七、作业

完成课后"研讨与练习三"。

八、板书设计

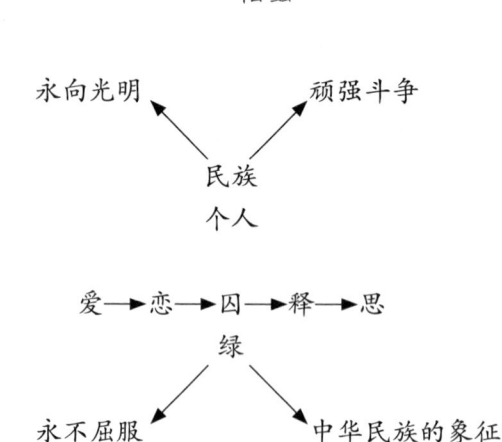

囚绿记
陆蠡

永向光明 ← 民族 → 顽强斗争
个人

爱 → 恋 → 囚 → 释 → 思
绿
永不屈服 ← → 中华民族的象征

氓

> **学习目标**
> 感知主人公的艺术形象,掌握诗歌中比兴手法的运用。

一、创设情境,导入新课

不知同学们是否读过这样一首乐府民歌:"我欲与君相知,长命无绝衰。山无陵,江水为竭,冬雷震震,夏雨雪,天地合,乃敢与君绝!"这是怎样感天动地的痴情绝唱啊!但在实际生活中,有时痴情之人未必能真正得到痴情的回报,今天我们就一起走进《诗经》中的《氓》,看看诗歌中痴情女主人公遭遇了什么。

二、自读文本,整体感知

1. 初读文本——正其音。

2. 再读文本——懂其文。(借助注解,理解全诗内容)

这首诗歌主要写了哪些内容?

明确:《氓》是一首叙事诗,以第一人称"我"的口吻,叙述了"我"与"氓"从初恋到结婚到男子变心,最终走向决绝的故事。

三、品读文本——识其人

1.采取了什么方法表现"氓"和女主人公的性格？他们有怎样的性格特征？

明确：对比：婚前、婚后；氓：憨厚老实、自私变心、冷酷无情；女子：痴情（送子涉淇，至于顿丘。不见复关，泣涕涟涟）、温柔体贴（将子无怒，秋以为期）、勤劳坚忍（夙兴夜寐，三岁食贫）。

2.诗歌中女主人公最痛楚的认识是什么？用课文原句回答。

明确：于嗟女兮，无与士耽。士之耽兮，犹可说也。女之耽兮，不可说也！

四、研读文本——探手法，提思维

1.《氓》的哪些文句采用了比兴手法？有什么作用？

明确：（1）于嗟鸠兮，无食桑葚→比喻女子不要迷恋爱情。

（2）桑之落矣，其黄而陨→起兴，引出男子变心的原因，比喻女子年老色衰。

比：生动形象；兴：可以引起联想，起到烘托的作用。

2.你认为女主人公被弃的原因有哪些？

被弃的原因：（1）男子负心说；（2）年老色衰说；（3）财富说；（4）社会风俗说。

五、教师总结

《氓》是一首叙事诗，它以一个女子自述的口吻，讲述了她自己的婚恋悲剧。作者通过写女主人公被遗弃的遭遇，塑造了一个勤劳、温柔、坚强的妇女形象，表现了古代妇女追求自主婚姻和幸福生活的强烈愿望。《氓》中女子的背影已渐行渐远，却给我们后世之人留下了深深的思考。虽然我们中学生不允许早恋，但我们可以从女主人公的不幸遭遇中进行反思，树立正确的婚恋观，学会正确地去爱！

六、作业

背诵整首诗。

七、板书设计

氓

情节： 恋爱 ⟶ 婚变 ⟶ 决绝

人物（对比）

男：
- 氓之蚩蚩　　　士贰其行　　　反是不思
- 婚前｛抱布贸丝（憨厚老实）　婚后｛至于暴矣（自私变心）　（冷酷无情）

女：
- 秋以为期　　　夙兴夜寐　　　亦已焉哉
- 婚前｛载笑载言（热情纯真）　婚后｛靡有朝矣（辛苦蒙辱）　（毅然坚决）

采 薇

> **学习目标**
> 1. 归纳诗歌的章法特点、表现手法。
> 2. 探究本诗深刻的思想内容。

一、创设情境，导入新课

寒冬，阴雨霏霏，雪花纷纷，一位解甲退役的征夫在返乡途中踽踽独行，道路崎岖，又饥又渴，边关渐远，乡关渐近。此刻，他遥望家乡，抚今追昔，不禁思绪纷繁，百感交集，艰苦的军旅生活，激烈的战斗场面，无数次登高望归的情景，一幕幕在眼前重现。《采薇》就是三千年前这样的一位久戍之卒，在归途中的追忆、唱叹之作。今天，我们就走进《采薇》，探究这篇追忆之作。

二、自读课文，整体感知

1. 读准字音。

岁亦莫止 莫——暮

狁孔棘 棘——急

2. 读准节奏。结合注释，自由诵读。

提示：四言诗，每句一般读成"二二"节拍。

采薇／采薇，薇亦／作止。曰归／曰归，岁亦／莫止。靡室／靡家，狁／之故。不遑／启居，狁／之故。

3. 疏通诗句，理清思路，把握感情。

明确：思路。

第一章（第1～3节）：连年战争，思归心切，怨恨敌人。

第二章（第4～5节）：战事紧张，爱国爱家。

第三章（第6节）：战士返乡，悲喜交加。

情感：忧伤、自豪、悲痛。

三、再读文本、自主探究

《采薇》这首诗一共六章，这六章我们可以分为三个镜头和画面。下面我们用自己的语言来描述这三个画面，并注意体会诗歌所采用的艺术技巧。

镜头一：采薇思归

深秋，残阳如血，一位满面尘土与愁容的士兵，坐在军营不远处的旷野中，远眺着故乡的方向，干裂的嘴唇喃喃地唱着故乡的小调，内心涌动着浓浓的乡愁。

画外音：又是一年岁末了，薇菜柔嫩的叶子也逐渐变得枯硬，家乡的柳树又长高了吧！战争何时才是个尽头？贪婪的狁何时才肯罢手？我的思念像一盆烈火，灼烧着五脏六腑，柳条新发之时，我能否嗅到故乡的气息呢？

1. 三个小节的开头都是用了同样的话，这是什么表现手法？

明确：比兴。

2. 用来起兴的事物往往跟下文的正题有一定的联系，同学们请思考一下，三处采薇略有变化，这有什么深意吗？

明确：由"薇亦作止"，薇菜刚刚冒出薇芽，到"薇亦柔止"，薇菜长出柔软的茎叶，到"薇亦刚止"，薇菜长得高大坚硬，"采薇采薇"三次比兴，有一种时光流逝、成期漫长、归家无期之悲。所以此处的"薇"不仅是起兴，还有作比，因此叫作比兴。

3.同样的话在诗中重复出现，这又是什么表现手法？有何作用？

明确：重章叠唱。

《诗经》的形式基本上是四言诗，章法上最具特色的一点是"重章叠唱"。所谓"重章叠唱"，是指一首诗的各章不仅句数相等，而且语言几乎相同，中间只变动几个字，甚至只变动一两个字，以重复歌唱的一种形式。如前三章的重章叠句中，文字略有变化，以薇的生长过程，衬托离家日久，企盼早归之情，异常生动妥帖。

重章叠唱形式的运用，对深化意境、渲染气氛、强化感情、突出主题都起到了很重要的作用。同时，它还有效地增强了诗歌的节奏感、音乐感，形成了一种回环往复的美，带给人一种委婉而深长的韵味。

镜头二：疆场思归

军旗在十月的风中猎猎飘扬，战场上烟尘滚滚，将帅乘着四匹高大雄壮的马驾着的马车，昂首而来，士兵们向着军旗的方向，呐喊着，奋勇杀敌。看！英勇的战马，整齐的军队，精良的武器，无不让狰狁人胆战心惊，敌营人叫马嘶，我们所向披靡！

这两个章节中也有一处用到了比兴，请把它找出来，并说明其作用。

明确："彼尔维何？维常之华。"

这是指棠棣花，用花之盛起兴，比喻出征军队车马服饰之盛及声势之壮。

镜头三：归家之哀

冬雪霏霏，战士终于踏上了归途，风尘满面，又饥又渴。

画外音："昔我往矣，杨柳依依"，当年我离开故乡，杨柳依依惜别。"今我来思，雨雪霏霏"，现在我踏上归途，只有漫天的飞雪，青春不在，年华不在，爱情安在？家人安在？家园安在？

这个画面的情感应该如何把握？

明确：悲痛。（为什么回家途中还会悲伤呢？）

提示：（1）宋之问在《渡汉江》中说"近乡情更怯，不敢问来人"，一个

"怯"字写出了归乡时的千万种感受和情感。

（2）"古诗十九首"里的《十五从军征》是这样写的："十五从军征，八十始得归，道逢乡里人，家中有阿谁？"几十年的征战物是人非，几十年的征战沧海桑田，几十年的征战，亲人还在，爱人还在吗？

（3）"我心伤悲，莫知我哀"，归来时，还何乐而有呢？除了深深感慨，那从薇菜初生时节开始的归家向往，那一次次的念叨，每一个朝夕的苦苦盼望，在这一归途中，因为对家人命运和自身前景的担忧都不得不沉重起来。

四、深剖细析，合作探究

1. 整首诗你最喜欢哪一节？哪一句？为什么？

【预设】末章之美："昔我往矣，杨柳依依。今我来思，雨雪霏霏。"

清人方玉润在他的《诗经原始》中说："此诗之佳，全在末章，真情实景，感伤时事，别有深意，不可言喻，故曰'莫知我哀'。不然，凯旋生还，乐矣，何哀之有邪？"

2. "昔我往矣，杨柳依依。今我来思，雨雪霏霏。"晋人谢玄把这四句论为三百篇中最好的诗句，好在哪里？

（1）借景抒情。

这四句诗有两个画面，一是春天里微风吹拂柳枝依依惜别的画面，一是寒冬季节雨雪纷飞的画面。在这里，诗人没有直接倾诉内心的感情，而是以春天随风飘拂的柳丝来渲染昔日上路时的依依不舍之情；用雨雪纷飞来表现今日返家路途的艰难和内心的悲苦。以景写情，情景交融，让那一股缠绵的、深邃的、飘忽的情思，从风景画面中自然流出，含蓄深永，味之无尽。

（2）以哀情写乐景。

清人王夫之在论《诗经·小雅·采薇》这四句时说："以乐景写哀，以哀景写乐，一倍增其哀乐。"以春风杨柳、灿烂春光反衬离家之悲，以风雪交加、严酷寒冬衬凯旋之乐。

（3）对比。

将时序之"今—昔"、景物之"柳—雪"、人生之"往—来"剪接融会，创造出超越现实的典型画面。短短四句诗，看似平淡，娓娓道来，却充满了强大的艺术感染力，用柳代春，用雪代冬，含蓄内敛又有分量。春之柳，冬之雪，一个温柔婀娜，一个飞扬着冰冷。

同一个"我"，但已有"今""昔"之分,同一条路，却已有"杨柳依依"与"雨雪霏霏"之别，而这一切都在这一"往"一"来"的人生变化中生成……

拳拳赤子心，悠悠故乡情，走过千山万水，走不出魂牵梦萦的故乡，故乡的种子埋藏在游子的心房。"昔我往矣，杨柳依依。今我来思，雨雪霏霏……"这缓缓吟唱穿过了时空的隧道，依旧向我们诉说着人类那亘古不变的思乡愁绪。

小结：《采薇》一诗，在题材上可称为边塞诗的鼻祖，这首诗能以最真实的词句、最自然的艺术，拨动人们的某一根心弦，准确地说中了人们心里千变万化的情绪，历经数千年，历久弥芳。

五、教师总结

《采薇》不像一般的战争诗那样简单地表现人物情感，而是力求表现出人深层的内心矛盾和痛苦，细微真实地写出了人性的多样性和复杂性。残酷的战争毕竟与人类文明正常价值趋向相悖，自古以来，人们都对它怀有复杂、矛盾的感情。《采薇》正是为保家卫国而出征狁的士兵所唱出的心声,作者疾呼"靡室靡家，狁之故"，充分说明其所怨恨的是狁而非周天子，诗人对侵略者充满了仇恨，诗篇中洋溢着战胜侵略者的激越情感；同时，"行道迟迟，载渴载饥。我心伤悲，莫知我哀"，又对久战不休充满厌倦。总之，战士们的情感深处交织着重重矛盾：对敌人的痛恨与对家乡的思念，保家卫国的豪迈与历尽艰辛的苦涩……

其实，人类有一种很普遍的矛盾心理：大丈夫有仗剑远行、志在四方的雄心壮志，又有低头思乡、胸怀亲人的回归意识，这里的戍边战士心中的矛盾，也或多或少地表现出人类共有的，也是无法回避的真实矛盾心理，所以诗中表现的这种情感矛盾，具有超越时空的普遍意义。

六、作业

背诵这首诗。

七、板书设计（略）

离 骚

> **学习目标**
> 了解语言风格特点，理解文章节选部分的主旨。

一、创设情境，导入新课

我们学过毛泽东的《沁园春·雪》，在诗句"唐宗宋祖，稍逊风骚"中，"风骚"指什么？

明确："风"指的是《诗经》中的《国风》，"骚"则是楚辞中的《离骚》。这两部作品分别开创了我国现实主义和浪漫主义的诗风。并称的两个"第一"，始终在我国文学史上"独领风骚"。《诗经》是我国第一部诗歌总集，《楚辞》是我国第一部文人创作的诗歌总集。

《离骚》是屈原一生寻求爱国真理并为之奋斗不息的一个缩影，也是"楚辞体"（骚体诗）的重要代表作品，人们往往以"骚体诗"来统称屈原的全部诗作，它在我国文学史上具有极其重要的地位。下面我们就去感知其魅力。

二、初读诗文，初感诗韵

请学生表演朗诵，体会这首诗在形式上有什么特点和作用。

明确：1. 课文中大量运用语气助词"兮"。

作用："兮"是有浓厚的楚国地方色彩的语气词，它在诗句中的位置不同，作用也不尽相同。用在句中，表语音的延长；用在句间，表语意未尽，待下句补充；用在句尾，表感叹。

2. 每句二至四个节拍：诗句在错落中见整齐，在整齐中又富于变化，节奏和谐，音调抑扬，具有一种起伏、一唱三叹的韵致。

3. 充满楚地风物的描写。

三、诵读诗文，品味诗境

1. 字里行间透露出了屈原什么样的思想感情？

明确："离骚"离忧也。离，犹罹也。骚，忧愁也。离骚者，乃言遭遇忧愁，陷入困境。

2. 由此可以看出《离骚》是作者遭遇忧愁而写成的诗句，屈原遭遇了怎样的忧愁呢？

明确：屈原者，名平，楚之同姓也，为楚怀王左徒。博闻强志，明于治乱，娴于辞令。入则与王图议国事，以出号令，出则接遇宾客，应对诸侯，王甚任之。

盖文王拘而演《周易》；仲尼厄而作《春秋》；屈原放逐，乃赋《离骚》；左丘失明，厥有《国语》；孙子膑脚，《兵法》修列；不韦迁蜀，世传《吕览》；韩非囚秦，《说难》《孤愤》。《诗》三百篇，大底圣贤发愤之所为作也。

3. 课文节选部分表达了屈原什么样的思想感情？

明确：高洁的品质，忠君的爱国思想。

四、研读文本，深剖细析

1. 阅读全文，概括每段主要内容。

明确：第一节自叙受屈遭贬的政治原因，表示不愿同流合污；第二节表现追求美政、九死未悔的高尚节操，抒发忧国忧民、献身理想的爱国感情。

2.《离骚》一诗塑造了一个什么样的抒情主人公形象？

明确：（1）他有着突出的外部形象特征："高余冠之岌岌兮，长余佩之陆离"，"制芰荷以为衣兮，集芙蓉以为裳""佩缤纷其繁饰兮，芳菲菲其弥章"。

（2）他有着鲜明的思想品质和精神

①追求真理，至死不渝："亦余心之所善兮，虽九死其犹未悔""虽体解吾犹未变兮，岂余心之可惩"。

②疾恶如仇，绝不同流合污："宁溘死以流亡兮，余不忍为此态。"

③刚正不阿，一身正气(为正道献身)："伏清白以死直兮，固前圣之所厚。"

④修身洁行，不管别人怎么看："不吾知其亦已兮，苟余情其信芳。"

3. 面对屈原抱石沉江，你赞成这一举动吗？

【预设】

不赞同：屈原虽遭楚王放逐，但楚国人民并没有抛弃他，他自感面君无望，心中的理想无法实现，便抱石沉江，这其实是文人心理脆弱的表现。他应坚强地活下来，活着便有希望。

可以理解：作为那个时代的文人，即便他出身贵族，他和君王仍是附庸和主人的关系，他的理想只有在君王赏识并支持下才能实现，他的高洁节操只有君王帮他力排众议时才能保持。当君王不赏识他、不支持他，他便失去了支撑他的柱石，若不想改节，不想改变自己，那么，他只有走这一条路。我想屈原走向这条不归路是无奈的，并不是他真心所愿。

4. 学习这篇文章，你有哪些启发？(言之有理即可)

讨论、归纳：（1）一个人即使身处逆境，也要为崇高远大的理想而奋斗，决不能动摇。

（2）人生的道路是曲折而漫长的，但为了追求真理，应不屈不挠，勇往直前。

（3）在污浊的环境中，应保持自己的高洁品质，要热爱祖国。

五、教师总结

古往今来，多少生命在历史的星河中默默产生，又默默消亡，而又有几颗能够像屈原这样2000多年后的今天仍然熠熠闪烁。他的死，有力地维护了他那不随波逐流、不苟且偷生的人格尊严；他的死，充分显示了他的忠贞爱国、至死不渝的高尚情操；他的死，真正体现了他那为真理而不惜牺牲生命的人生价值。鲁迅曾经说过，人的生命是可贵的，但真理更可贵，屈原虽死，而真理传于四方，这样的死，死得其所。

生与死，是一对矛盾。孟子说过："生我所欲也，义亦我所欲也，二者不可兼得，舍生而取义者也。"也如裴多菲所说："生命诚可贵，爱情价更高。若为自由故，两者皆可抛。"

六、作业

以"屈原，我想对你说"为题，写一篇不少于500字的短文。

七、板书设计（略）

孔雀东南飞（并序）

> **学习目标**
> 探析刘兰芝和焦仲卿二人形象的意义和爱情悲剧产生的根源。

一、创设情境，导入新课

《孔雀东南飞》是爱情的绝唱，是千古咏叹，它是一曲凄美动人的爱情悲歌，是一个荡气回肠的爱情悲剧。千百年来，让人们感叹唏嘘不已，也一直让人们思索着，是什么使这首诗具有如此之大的震撼力呢？今天，让我们一起走进《孔雀东南飞》的世界。

二、自读文本，整体感知

1. 诗中的主要人物都有谁？

明确：刘兰芝、焦仲卿、焦母、刘兄。

2. 诗中矛盾冲突的根源是什么？

明确："遣与被遣""休与不休""爱又难爱""嫁与不嫁"等，其中焦母与兰芝的矛盾构成故事的主要冲突，也是焦、刘爱情悲剧的根源。

3. 情节内容。

明确：被遣结誓—还家拒媒—避婚死别—殉情合葬。

4. 这首诗讲述了什么故事？

东汉建安年间，才貌双全的刘兰芝和庐江小吏焦仲卿真诚相爱，可婆婆却对兰芝百般刁难。兰芝毅然请归，仲卿向母亲求情无效，夫妻二人只能话别，双双"誓天不相负"。兰芝回到娘家，慕名求婚者接踵而来，先是县令替子求婚，后是太守遣丞为媒，兰芝践约抗婚，然而其兄恶言相向，兰芝不得已应允太守家婚事。仲卿闻变而来，夫妻二人约定"在天愿作比翼鸟，在地愿为连理枝"。兰芝出嫁喜庆之日，刘、焦双双命赴黄泉。

三、阅读文本，探究人物形象

1. 这首诗在尖锐的矛盾冲突和曲折的情节发展中，成功地塑造了个性鲜明、形象生动的典型人物形象。请依据作品语言，结合社会环境，赏析刘兰芝、焦仲卿的人物形象。

明确：（1）兰芝：勤劳善良、美丽聪明、知书达理、不慕荣利、反抗坚决。（分析略）

（2）焦仲卿：他是兰芝向封建家长制和封建婚姻制度做斗争的伙伴，有正义感，守信用，有刚强的一面，但也有懦弱的一面，对母亲的责难默默无声，斗争没有兰芝彻底，他也是封建社会的受害者。（分析略）

2. 兰芝是一位勤劳、善良、美丽的女性，与焦仲卿的夫妻感情又极为深厚，但却遭到了焦母的虐待乃至驱逐，最后不得不与仲卿双双殉情。焦母驱逐兰芝的原因是什么？

明确：（1）兰芝没有遵从封建礼教的妇德要求，"本自无教训""举动自专由"，虽然温顺能干，但骨子里有倔劲，因而为焦母所不容。

（2）兰芝多年不育，焦母为传宗接代考虑，找借口驱逐兰芝。

（3）焦、刘两家贵贱悬殊，门第不对，焦母见异思迁，为娶进罗敷而逼走兰芝。

（4）焦母无法理解也不能容忍仲卿与兰芝间真挚且热烈的爱情。（焦母丈夫早逝，恋子情结）《礼记·本命》中载："妇有七去：不顺父母去，无子去，淫去，妒去，有恶疾去，多言去，窃盗去。"焦母迫害刘兰芝用的是第一条。《礼记》中还规定："子甚宜其妻，父母不悦，出。"焦母压制焦仲卿用的就是孝顺这一条。刘兰芝回娘家后也受到家长制的威压。那么刘兰芝、焦仲卿是不是从根本上反对这些封建教条呢？不是。刘、焦二人所反复辩解的是他们并没有违反这些封建规范，因为他们不能，这才是悲剧中的悲剧。

四、深入研读，质疑探究

1. 你认为此诗最有价值的是什么？

明确：几千年来，封建礼教、家长制等传统文化的冷漠与残酷，使无数美丽的爱情成为"牵牛织女"，化作"双飞蝴蝶"，飞出"东南孔雀"。爱情是美，爱情是诗，爱情是一首永恒的歌！我们的古人历尽了爱情的沧桑，饱尝了爱情的悲苦。让我们牢记这些血的教训，珍惜这人间每一份美好的感情。

2. 刘兰芝、焦仲卿美好的爱情终成悲剧，成为千古绝唱，这既有主人公感人的事迹，也有文人的加工。深入研读文本，探究悲剧的写法。

明确：（1）从悲剧主体探究。

鲁迅给悲剧的定义：悲剧是将人生有价值的东西毁灭给人看。本文毁灭了什么？

①毁灭了两个美好的人（刘、焦形象和性格）。

②毁灭了一段美丽的爱情（诗中哪些地方表现了这段爱情的至善、至美、至真、至纯）。夫为妻求情→夫妻对话→夫妻誓别→生离死别→兰芝投水→仲卿自缢。

为了获得强烈的悲剧效果，在善与恶、美与丑的斗争中表现悲剧人物的价值。

悲剧的魅力→毁灭美→ { 正义力量失败 / 善良的人物毁灭 } →引起人们心灵的恐惧、震撼

（2）从悲剧手段探究
- ①矛盾双方力量的对比
- ②起兴的开头，为全诗奠定哀怨伤感基调，强化悲剧色彩
- ③浪漫结尾，以喜衬悲，借乐写哀
- ④环境或景物描写为烘托和渲染

用悲哀、同情和崇敬唤起人们对邪恶不义的痛恨、厌弃，并油然而生改造与重建的激情

五、教师总结

悲剧的魅力，在于它毁灭美；悲剧的不幸，在于它不仅仅是文学，而且是永远的生活。《孔雀东南飞（并序）》以现实主义的表现手法，揭露了封建门阀制度的罪恶，也记录了1700年前劳动人民的真实感情。它是艺术的奇葩，也是历史的镜子。千百年过去了，这样劳燕分飞的悲剧但愿不再上演，愿有情人终成眷属。

六、作业

背诵相关段落。

七、板书设计

孔雀东南飞

情节：兰芝被遣—夫妻誓别—兰芝抗婚—双双殉情—化鸟双飞

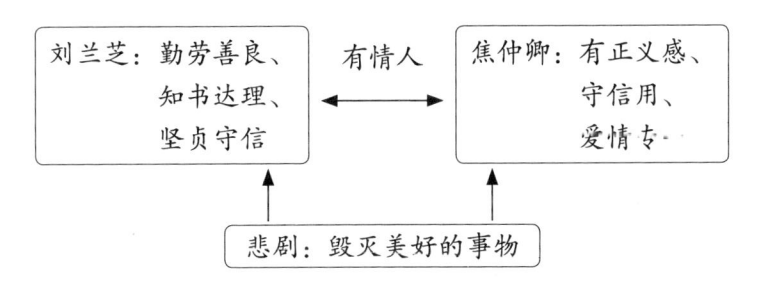

刘兰芝：勤劳善良、知书达理、坚贞守信 ←有情人→ 焦仲卿：有正义感、守信用、爱情专一

↑ 悲剧：毁灭美好的事物 ↑

涉江采芙蓉

> **学习目标**
> 品析意象，体会诗歌深沉真挚的情感。

一、创设情境，导入新课

远离故土的游子是孤寂的，爱人远在天涯难以相守的人是痛苦忧伤的，世界上最遥远的距离，莫过于彼此相爱的人，却不能够在一起。今天，让我们跨越时空，来到东汉末年，跟随《涉江采芙蓉》中的主人公，一同感受这种质朴真挚的情感。

二、整体感知，自主探究

1. 诵读诗歌，感知诗歌，说说本诗讲了一个什么故事。

明确：一对男女恋人相互思念着对方的故事。

2. 谁在涉江采芙蓉呢？她的目的是什么？

明确：女子。送给心爱的人。

3. 你为什么把她想象成一位女子而不是一位男子呢？

明确：（1）因为采芙蓉的应该是女子，如果是一位男子采芙蓉，这个画面也显得有点不伦不类。

（2）朱自清《荷塘月色》里也说：采莲是江南的旧俗……采莲的是少年的女子。

4. 可不可以把他想象成一位男子而不是一位女子呢？从哪些诗句看出来的呢？（你为什么把他想象成一位男子呢？）

明确：可以。

（1）诗歌的第三句和第四句："还顾望旧乡，长路漫浩浩。"我认为古代离开家乡，外出生活的应该是男子，而女子一般是不离开家的。

（2）无论古代还是现代，一般给别人送花的都是男子。

小结：同学们谈了自己的看法，并且从诗歌中找到了自己的理由，都很不错，但是我发现无论你们的答案是什么样的，都有一个共同的特点，都认为是一对分离的恋人在彼此思念着对方。正是由于你们多样化的思考，才使这首诗歌充满了无穷的魅力。但是老师是把她当作一位女子来看待。在古代，男子离开家乡，女子在家守候，是一种更常见的生存和生活方式。

5. 我们对这首诗歌有了初步的认识，能否用诗中的一个词来概括这首诗的情感呢？

【板书】忧伤

三、走进文本，品读意象

本诗的主要意象是什么？对全诗意境的营造有什么作用？

明确：意象有芙蓉、芳草。主要意象是芙蓉。

芙蓉：（1）周敦颐《爱莲说》中有："予独爱莲之出淤泥而不染，濯清涟而不妖。"芙蓉也叫作莲花，这里有一种君子的品质。

（2）芙蓉，在《诗经》中叫作荷花，"山有扶苏，隰有荷华"。在《楚辞》中叫芙蓉，"制芰荷以为衣兮，集芙蓉以为裳"。人们赋予了荷花很多美好的意蕴，如爱情、相思、忠贞、君子等，它是一种纯洁与美好的象征。

（3）荷花在很多情况下被作为一种情感意象来使用，表示一种圣洁、坚贞与宁静的意味。荷花给人以清幽、高洁之感，屈原作品中也视"荷"为香草，用香草比喻高洁品质。

（4）兰泽多芳草，生有兰草的水泽中长满香草。"兰泽""芳草"往往和知己、君王联系在一起，用来表达美好的事物和情感。芙蓉、兰泽、芳草，让人顿感主人公形象的雅洁以及所表达感情的纯洁、美好。

芙蓉、芳草两个意象为文章营造了高洁、清幽的意境。

四、研读文本，品析手法

1. 赏析"采之欲遗谁？所思在远道"两句。

明确：采了要送给谁呢？从上一句我们知道主人公去采芙蓉，为什么要去采芙蓉呢？现在才知道，是要送人的。

这位主人公赠送的对象是谁呢？是远方的人，而且结合全文可以知道，是远方的那个爱人。

2. 主人公是真的采过芙蓉以后，才想到"所思在远道"吗？这一问一答用的是什么表现手法？有什么作用？

明确：设问。

（1）所思，不是采过之后才想到爱人，而是时时刻刻想着她。那么我们可以看出，之前"涉江采芙蓉"也是为了爱人。如果开头就开门见山地把对方托出，就显得平淡无味了。

（2）"远道"透露出什么信息？爱人不在身边。为下文主人公的情绪变化做铺垫，起到暗中过渡、承上启下的作用。

3. 这个情感还能说是欢快的吗？

明确：不能，是失落的。

4. 之前作者为我们描绘的是什么景？可是主人公抒发的是什么情？

明确：乐景。哀情。

以乐景写哀情的诗我们接触了不少，我们学过的《送元二使安西》就是非常典型的一首。在这美好、欢乐的采莲背景中，主人公手拿一朵莲花，站在舟头，独自怀远，正具有以"乐"衬"哀"的强烈效果。

五、教师总结

《涉江采芙蓉》是一首绝美的诗，看到它，就像看到了一种中国式乡情、亲情、爱情的缩影，横亘于历史时空之中。《涉江采芙蓉》的文字绝没有浮躁的华美，仅用清淡自然的笔触写出了一世的悲苦。尽管千年前的那个采莲的人和被他思念的人都早已消失了，但是，只要有人，只要有诗，只要有四季的变换，在这世间就会存在着一种思慕的情怀，永远也不会改变，永远也不会消失。

六、作业

背诵这首诗。

七、板书设计（略）

短歌行

> **学习目标**
> 把握《短歌行》的思想内容；品味诗歌的艺术特色。

一、创设情境，导入新课

《三国演义》第四十八回有曹操横槊赋诗的描写，曹操平定北方后率百万雄师饮马长江，与孙权决战的当天晚上，明月皎洁，曹操在大江上置酒设乐，宴请将士，酒酣，曹操立于船头，慷慨而歌，歌词就是我们今天要学习的《短歌行》。我们一起走进文本，借助文本来感受历史人物的真实情怀。

二、初读诗歌，把握大意

自读诗歌，划分层次，概括大意

明确：第一层：从"对酒当歌"到"唯有杜康"，感叹人生。

第二层：从"青青子衿"到"鼓瑟吹笙"，思念贤才。

第三层：从"明明如月"到"心念旧恩"，渴盼贤才。

第四层：从"月明星稀"到"天下归心"，诚心纳士。

三、再读诗歌，探究情感

1. 诗人对酒当歌，抒发了什么感情？用一个字来概括。

明确：忧。

2. 哪些句子可以体现这种情感？

明确："慨当以慷，忧思难忘。""何以解忧？唯有杜康。""忧从中来，不可断绝。"

3. 诗人为何而忧？

明确：光阴易逝、贤才难得、功业未就。

4. 曹操对人生短暂持什么态度？

明确：积极态度。

5. 要想成就一番功业，他迫切需要的是人才的辅助。诗人是如何表达对人才的渴盼的？

明确："青青子衿，悠悠我心。""但为君故，沉吟至今。""明明如月，何时可掇？"

6. 诗人是如何对待贤才的？

明确："呦呦鹿鸣，食野之苹。我有嘉宾，鼓瑟吹笙。""越陌度阡，枉用相存。契阔谈䜩，心念旧恩。""周公吐哺，天下归心。"

7. 贤士此时是何种境遇？

明确："月明星稀，乌鹊南飞。绕树三匝，何枝可依？"

8. 你认为曹操的忧是积极的还是消极的？为什么？

明确：积极的。他有建功立业的壮志豪情。

小结：曹操的忧并非杜康所能消解，他的忧是站在国家的高度、英雄的角度之上的忧，《短歌行》让我们看到了一个别样的曹操，一个爱才惜才的曹操，一个"烈士暮年，壮心不已"的曹操。让我们再次体会曹操海纳百川的胸怀，齐读这首诗歌。

四、合作互动，探究诗歌的艺术手法

明确：第一层——比喻、借代、设问；第二层——用典；第三层——比喻、反问；第四层——比喻、用典。

五、教师总结

《短歌行》让我们从另一个侧面看到曹操作为一代政治家的英雄本色：他有爱才、礼贤的坦荡胸襟；他有统一天下的宏大志愿；他有开创新局面的进取精神。尽管他也有"忧"，有"很深的忧"，但是他的"忧"是站在国家的高度、英雄的角度之上的"忧"，是对如何招揽天下贤士的"忧"。

六、作业

背诵并默写这首诗。

七、板书设计（略）

归园田居(其一)

> **学习目标**
> 1. 通过诵读,把握诗歌内容与情感。
> 2. 领悟陶渊明憎恶官场、热爱田园、追求自由独立的精神品格。

一、创设情境,导入新课

请同学们做两个选择题:

1. 有两种人生道路:(1)十年寒窗苦读,金榜题名。(2)过悠闲自得生活,不上大学。

2. 假设走入社会有两条路:(1)做官,有名有利。(2)不做官,平平淡淡。

不管怎样选择,人生总是有舍有得,在东晋有一位大诗人也在经历着选择,面对着官场和田园,他选择了田园,他为什么有这样的选择?今天我们就一起走进《归园田居》一探究竟。

二、自读文本,把握思路

1. 同学们认为"归园田居"这四个字中最重要的是哪一个字呢?(归)
2. 题目告诉我们几层意思?

明确："归园田居"四个字明确告诉我们要回到田园生活。四层意思：（1）从何而归；（2）为何而归；（3）归向何处；（4）归去如何！

三、再读文本，探究情感

1. 整首诗歌表达了诗人怎样的情感？

明确：对误入官场的痛心悔恨，对黑暗官场的鄙弃厌恶；对田园生活的由衷喜爱，对摆脱官场羁绊的欣喜愉悦。

2. 诗人从何而归？

明确：

尘网、樊笼 → 官场生活 —（表达怎样的情感／为什么如此比喻？）→ 对官场生活的厌恶

3. 诗人为何而归？

明确：

性本爱丘山（本性使然） —（既然性本爱丘山／为何要出仕？）→ 养家糊口，大济苍生，在封建社会，人们要建功立业，实现政治理想，只能做官，走仕途

4. "性本爱丘山"也许是隐"归"的一个很重要的原因，但不是关键所在，从文中找信息（点题的是哪一句）。

明确：

守拙归田园 —（归田园的目的／为什么要"守拙"？）→ 言外之意是什么？ → 如果不归田园就不能守拙，归田园是为了保持自己精神上的自由和独立

5. 诗人归向何处？

明确：归向田园 → 田园景色：恬静、幽静、宁静、和谐、美似仙境。

6. 诗人归去如何？

明确：指出蕴含作者情感的诗句（无尘杂／有余闲／久／复）→ 自由安逸、

喜悦。

7. 从诗中可见作者的人格倾向和精神追求是怎样的？

明确：热爱田园生活，追求精神上的自由和独立。

四、拓展思维，提升能力

1. 我们常常说文如其人，那么从诗中你感受到陶渊明是一个什么样的人？

预设：清高孤傲、与世不合、洁身自好、甘于清贫、向往田园、淡泊名利。

2. 有人说陶渊明弃官归隐是一种消极避世的选择，也有人说他的选择是勇敢、高洁的，那么你怎么看？

预设：当时的官场一片黑暗、腐败、贪婪，陶渊明看清了这一切，所以弃官归隐，这是因为他有勇敢、高洁的品质。若他没看清世事，继续待在官场，就是不同流合污，也可能会英年早逝。

3. 说说你是如何看待陶渊明弃官归隐这种人生选择的。你认为他的做法是否值得赞赏？请自由发表见解。

在古今诗人之中，能够直接面对人生的苦难悲哀，而且真正找到了一个解决办法的，只有陶渊明。当然，他也不得不为自己所选择的这条道路付出了劳苦饥寒的代价。（叶嘉莹：《汉魏六朝诗讲录》）

陶渊明的一生表面上过得那么平淡，但却是一个深刻的、豪壮的悲剧。陶渊明的悲剧是理想和现实的矛盾，是伟大的诗人和渺小的社会的矛盾，是美与丑的矛盾。（张铨锡：《陶渊明的悲剧及其诗的思想和风格》）

小结：这些专家的看法仅是供大家参考，我们每个人可能都有自己的看法。我的看法是陶渊明的归田是对污浊的现实完全绝望后所采取的一条洁身守志的道路，他选择归隐田园，远离污浊官场，独善其身，始终保持自身纯洁，是他人生中最勇敢、最高尚、最痛苦也是最无悔的选择。因为当时的陶渊明面对的是腐败透顶的官场、物欲横流的世俗，我相信如果在政治清明的时代，陶渊明一定会坚持他少年时"大济苍生"的理想造福一方吧。

人的一生就是一舍一得的过程，人的区别也就在于有的人知道舍什么，得什么，什么时候该舍，什么时候该得，由此，人生的境界也就不同。所以同学们要学会取舍。

五、教师总结

陶渊明视权位官俸如敝屣，怀着"抱朴守静""洁己清操"的想法躬耕田园，以琴书为乐，以菊花为友，为我们树起了一块人格的丰碑，让后人永世传诵。让我们把敬意送给这样的一个人：一个披星戴月的诗人，一个荷锄自娱的士人，一个安贫乐道的文人，一个崇尚自然的农夫……因为他留给我们的是深深的思索和诗意的人生。

六、作业

以"陶渊明，我想对你说"为题，写一篇不少于800字的文章。

七、板书设计（略）

兰亭集序

> **学习目标**
> 1. 理清思路，理解作者文中由喜到悲的感情变化。
> 2. 认识作者深沉感叹中所蕴含的积极情绪。

一、创设情境，导入新课

353年，也即是东晋穆帝永和九年，这年三月初三,一群文人雅客正在山间别苑吟诗作赋。其中有一人晃晃悠悠地站起身子，借着几分醉意，自告奋勇地要求为众人的诗集作序。在众人热烈簇拥下，只见他拿起鼠须笔，饱蘸浓墨，在蚕丝纸上畅意挥毫，人群中不时传来啧啧的赞叹声。待到作品出炉，此人便把毛笔一撇，瘫坐在旁边的一个藤椅上，打起呼噜来了。醒后再写，发觉不如醉中写得好。这是一个神来之笔的传说，当然，如果当事人没有扎实的文学积淀也是无法醉中写佳作的。这个稀里糊涂的写序人就是王羲之，那卷无意之作，就是被书法界誉为"天下第一行书"的《兰亭集序》。

二、自读课文，整体感知

1. 理清文章思路。

全文有四段，每一段的内容要点是什么？（分别用六个字来概括）

明确：（1）记叙兰亭盛况；（2）抒写愉悦心情；（3）抒发人生感慨；（4）交代作序目的。

2. 试从文中找出最能体现作者感情变化的字眼。

明确：乐、痛、悲。

三、再读文本，合作探究

1. 作者的情感是有一个起伏变化的过程的，究竟是什么让他心起波澜呢？

为何而乐？请读第1、2段，从文中找到原句，并用自己的话概括。

明确：

为何而乐？
- 良辰：暮春之初，天朗气清，惠风和畅
- 美景：崇山峻岭、茂林修竹、清流激湍、映带左右
- 乐事：修禊事也
- 赏心：群贤毕至，少长咸集

2. 作者的这种快乐并没有持续很久，不一会儿，他的精神就突然跌到低谷。请同学们自读第3段，从中找到跌到低谷的原句，并用自己的话概括痛的原因。

明确：

为何而痛？
- 人生短暂：人之相与，俯仰一世
- 世事无常：所之既倦，情随事迁
- 往事不再：向之所欣，已为陈迹
- 人生无常：修短随化，终期于尽

3. 作者为何又由痛转悲呢？请自读第4段，从文中找出答案并用自己的话概括。

明确：

为何而悲？
- 悲古人：兴感之由，若合一契
- 悲今人：一死生为虚诞，齐彭殇为妄作
- 悲后人：后之视今，亦犹今之视昔

想着后来的读者和自己有相同的情致、类似的感伤而悲。

四、研读文本，重点突破

1. 郭沫若先生曾认为《兰亭集序》"高高兴兴在饮酒赋诗，悲得太没有道理"，认为作者兴怀悲慨，与兰亭集会情境不合，你如何看？

提示： 结合此文"痛""悲"的内涵可知"痛"：①"痛"在何处？人老、事迁、景陈、寿短→岂不痛哉！②"痛"指什么？不是痛苦、痛伤，而是痛惜。

"悲"：为什么会有"悲夫"的感慨？"后之视今，亦犹今之视昔。"（后人看待今人，就像今人看待古人）

明确：（1）从"今之视昔"到"每览昔人……不能喻之于怀"，说明我与古人同悲。（同悲"死"与"生"的感慨）

（2）"后之视今，亦犹今之视昔。"后人读我的文章，犹如我读前人的文章。

作者认为人不管以怎样的方式活着，生命都在不知不觉中逝去，而寿命的短长只能听凭造化，最终归于结束。所以生就是生，活着能享受乐趣，死就是死，死后一切皆无，活着和死去是人生大事，两者不可等量齐观。暗含有生之年应当做些实事，表现出对生命的敬畏之情。

2. 文中的"悲"与"痛"一致吗？

明确： 不一致。"痛"是个体之痛，自痛、自悼、自怜；而"悲"不是悲苦、悲痛，而是悲叹，"悲"不同于上一段的"痛"，是个体之痛理性的思考，是由己悲人，更加深刻。

小结： 人类社会从古至今行进了多少年，人类文明的发展已是今非昔比，但无论世界怎么变化，人类对生命本质的体验是一致的，王羲之正是道出了"千古同悲",才能深深打动我们。("故列叙时人,录其所述…… 亦将有感于斯文")

五、教师总结

作者由兰亭盛会写起,极写盛会之乐,继而兴尽悲来,感慨万千,进而展开议论,抒发了"人生苦短,命运难测"的痛惜之情。然后由己悲人,批判了时人的虚无、消极,沟通古今,水到渠成。果然是一篇难得的大作。

六、作业

背诵并默写课文。

七、板书设计(略)

赤壁赋

> **学习目标**
> 体会作者感情，领悟作者思想。

一、创设情境，明确目标

先看一组大家耳熟能详的成语：沧海一粟、遗世独立、不绝如缕、正襟危坐、取之无禁、用之不竭、水光接天。成语是我们民族语言的瑰宝，有着深厚的文化底蕴，而如此多的成语竟然出自同一篇文章《赤壁赋》，由此可见这篇文章的生命力之旺盛，今天我们就共同走进这篇文章。

二、初读文本，整体感知

1. 读准字音－学会断句（语法结构、句首句末语气词）—控制语速—融入感情。

2. 自读课文，画出体现作者感情变化的字眼，同时画出和你产生共鸣的句子。

【板书】 乐—悲—喜

三、研读文本，合作探究

1. 赏析"乐"：自读文章的第1、2段。

（1）为何而乐？ $\begin{cases}白露横江，水光接天\\清风徐来，水波不兴\end{cases}$ 赏美景而乐

（2）如何表达自己的乐？ $\begin{cases}饮酒乐甚\\扣舷而歌之\end{cases}$ $\begin{cases}桂棹兮兰桨，击空明兮溯流光\\渺渺兮予怀，望美人兮天一方\end{cases}$

分析：①"饮酒乐甚，扣舷而歌之"写出了喝酒唱歌的场面，一个"甚"字写出了自己快乐的程度，而扣舷的动作则表现出作者沉醉其中的心情。

②快乐到一定程度，人们都会唱起来，那么苏轼唱了什么呢？体会唱词。

兮：来自屈原，屈原经常叹息，所以此字要拉长读音，属于长叹。

美人：来自屈原，往往以香草、美人入诗，香草自比，美人则是自己的理想或者圣主贤臣的代表。从悲伤中我们体会出苏轼那种不放弃人生追求的精神，还有儒家思想的入世精神，所以我们要从悲伤的歌声中体会出这种昂扬向上的精神。

③补充背景知识：写作此文时，作者被贬至偏远的黄州做团练副使，相当于被流放，远离都城。这时他已年过半百，站在矶头，望着滚滚东去的江水，想起自己建功立业的抱负也付之流水，不禁俯仰古今，浮想联翩，写下了名作《念奴娇·赤壁怀古》。这年七月十六日和十月十五日，苏轼又两次舟游赤壁之下的长江，写下了著名的《前赤壁赋》《后赤壁赋》。（知人论世）

2. 赏析"悲"：研读文章的第3段。

想起自己的遭遇，本来还喝酒唱歌的作者忽然悲从心来，那么，作者悲伤哪些内容呢？在朗读中体会并且赏析。

悲 $\begin{cases}自身遭遇\\人生短暂\\人类渺小\end{cases}$

想起自身的遭遇，"寄蜉游……一粟。哀吾生之须臾，羡长江之无穷。"想到了曾经的英雄人物曹操……钦佩、悲哀，苏轼的伟大之处就在于无路可走时找到突破口，从而超越自己，超越别人。

3. 感悟"喜"。

苏轼为什么由"悲"转"喜"呢？（或者说苏轼是如何超越自己的呢？）

喜 { 变与不变
     取与不取

分析：从儒家思想来说，人可以不朽，但需要通过一些途径，"太上有立德，其次有立功，其次有立言"，达到三者中的任何一个，都算作永恒。

从道家思想来说，讲究"一死生"，道家崇尚自然，顺应事物的发展规律，死亡是生命的另一种方式。

佛家思想的禅宗讲究生死轮回，生命完成一次生死如同月亮完成一次圆缺，生生死死循环不止，生命的轮回让人不再感觉生命的短暂。

四、合作互动，突破难点

1. 结尾的"喜"和开头的"乐"的内涵一样吗？区别是什么？

明确：

乐：面对突来的美景的欣然反应，未经思考便接受，侧重感官的体验。

喜：是理性思考之后达到的一种精神的解脱，是感情淬火后发自内心的欣喜，这里的"喜"是"喜从悲来"，开头的"乐"是"乐从美中来"。

2. 如何认识文中的"主"与"客"？

结合背景分析，讨论理解"主""客"实为一体，分别反映了作者内心积极和消极的心态。进一步发问"本文的旨趣，作者想要表达的情怀"。这是深层次理解文章的关键。

明确：阐述了自然界变与不变的哲理，苏轼思想中两种情绪的对抗表现了他矛盾痛苦而又乐观旷达的复杂心情。

五、教师总结

课文描写了月夜的美好景色和泛舟大江饮酒赋诗的舒畅心情，然后通过吹奏洞箫的客人那极其幽怨的声调，引起主客之间的一场问答，转移到关于人生态度问题的论辩上，写出历史人物的兴亡和现实苦闷的"悲"，阐明变与不变的道理，以求解脱，最后归于豁达乐观。表现出作者"乐—悲—喜"的感情变化。

六、作业

背诵全文，阅读《后赤壁赋》。

七、板书设计

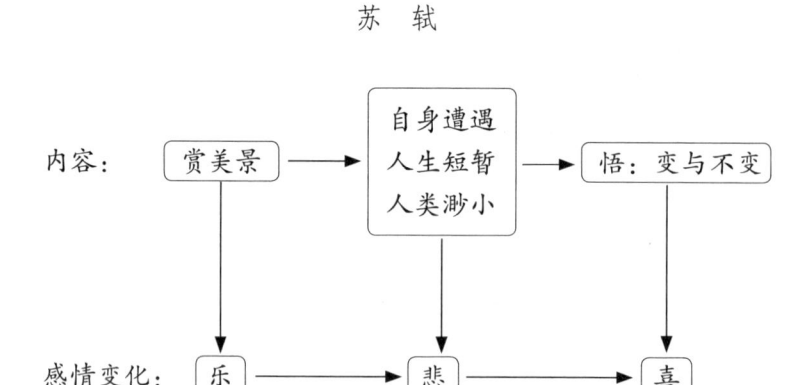

赤壁赋
苏　轼

内容：　赏美景　→　自身遭遇／人生短暂／人类渺小　→　悟：变与不变

感情变化：　乐　→　悲　→　喜

游褒禅山记

> **学习目标**
> 1. 理清文章思路，学习文章"因事见理"的写作手法。
> 2. 学会用质疑批判的目光看待问题。

一、创设情境，导入新课

"水是眼波横，山是眉峰聚""登山则情满于山，观海则意溢于海"，山山水水给了我们飞扬的思绪和无尽的感慨。被誉为"十一世纪的改革家"的王安石在游褒禅山时有什么样的发现与收获呢？带着问题，怀着期待，让我们一起走进《游褒禅山记》。

二、自读课文，疏通文本

1. 齐读文章，纠正易错字音。（略）
2. 整体感知文章，梳理文章脉络。
明确：游山—游洞—感叹—感悟—补记。

三、研读课文，质疑探究

1. 与我们学过的《醉翁亭记》《小石潭记》相比，本文算不算"合格"的游记散文？为什么？

明确：《小石潭记》《醉翁亭记》共同的侧重点，抓住景物之美，浓墨重彩，精描细绘，表现山水之美。而《游褒禅山记》，其一，文章山水描摹过少；其二，作者半途而废未得全部风光；其三，议大于叙，与文体不符。

2. 王安石在山道旁看到了什么？表现出了王安石的什么特点？

明确："有碑仆道，其文漫灭"。表现出了王安石细心、谨慎的特点，用批判、质疑的眼光看问题。

3. 作者游洞的经历是怎样的？表现出了怎样的规律？

明确：

记游洞经历 ｛ 前洞 ｛ 平旷 / 记游者甚众 ｝ 后洞 ｛ 窈、寒、深 / 记游者少 ｝ → 避难就易

规律：往洞里走，愈深愈难，其见愈奇。而随洞深入，题记者少，乃至深又加少。这种情况又表现出无限风光在险处的人生规律，而人们往往是"避难就易"。

4. 如何理解作者提出的成功与"志""力""物"的关系？

明确：

成功 ｛ 志 / 力 / 物 ｝ → 尽志无悔

有志、力、物三者相互结合才能真正达到险峰（成功），但作者强调的其实不是志，而是尽志，尽志无悔。（因事见理）

5. 王安石提出"尽志无悔"有什么深意？

明确：纵观王安石一生，大半生致力于改革变法事业，其实他对事业成功与否，并无完全把握，因为事情的成功是内因和外因的结合，外物的影响毕竟是存在的。但在北宋内外交困的情况下，1058 年王安石毅然向皇帝上万言书提出革新的主张。1070 年王安石担任宰相，全面推行变法，因触碰大家族、大官僚利益受到保皇派反对。虽然后来司马光尽废新法，王安石郁郁病逝，但他"天命不足畏，祖宗不足法，人言不足恤"的大无畏精神却是为世人所景仰。明知山有虎，偏向虎山行，知其不可为而为之的不悔精神，恰恰是这种执着精神的反映。

6. 同游者有几人？他们有记游之文传世吗？这又说明王安石与他们有何区别？

明确：4 人。未有游记之文传世。说明王安石懂得反思总结。

四、感悟人生，尽志无悔

一个人的一生应该怎样做才能尽可能无悔？

明确：学生结合自己学习与生活经历谈谈曾经有过的"悔"，再畅谈应该怎样才能实现自己的目标。教师做相关的点评并补充相关的名人名言及素材。

五、教师总结

武侠泰斗金庸将"飞雪连天射白鹿，笑书神侠倚碧鸳"留给我们后驾鹤西去。生命易逝，但又何妨。勤勤恳恳耕耘属于自己的土地，尽自己最大的努力向前挺进，大树有大树的挺拔，小草亦有小草的清新，尽志方无惭，人生才无憾！

六、作业

用"因事见理"的手法写一篇短文。（300～500 字）

七、板书设计（略）

就任北京大学校长之演说

> **学习目标**
> 1. 了解演讲词观点明确、层次分明的特点。
> 2. 把握文章宗旨，体会作者对青年人的殷切希望。

一、创设情境，导入新课

博雅塔下，未名湖畔，是莘莘学子怦然心动的北京大学……然而在蔡元培担任校长之前（1917年），北大还是一所封建思想、官僚习气十分浓厚的学府。身为教育家的蔡元培看在眼里，急在心里，于是他把对青年学子的殷切希望都融入在《就任北京大学校长之演说》这篇就职演讲中。

二、初读文本，理清思路

1. 五年前有所贡献：心系北大。

2. 今以三事告请诸君 ｛ 抱定宗旨，端正学风
　　　　　　　　　　　砥砺德行，改良社会
　　　　　　　　　　　敬爱师友，改良校风

3. 兹所计划者二事 $\begin{cases} 改良讲义，能裨实用 \\ 添购书籍，旁稽博采 \end{cases}$

三、再读文章，揣摩细节

1. 在"抱定宗旨"部分，蔡元培先生要求青年学生抱定什么样的宗旨？

明确：为求学而来，爱惜光阴，孜孜以求，研究高深学问，为今后发展打下坚实的基础。

2. 在"抱定宗旨"部分，演讲者是按照怎样的思路阐述自己观点的？

明确：首先，阐明大学的性质，指出大学是研究高深学问的地方；其次，指出北大现状，求学于此者，皆有做官发财之思想；最后，从反面阐述宗旨不彰的后果是误己、误人、误国。

3. 在"砥砺德行"这一部分中，演讲者从哪两个方面提出了大学生要砥砺德行？

明确：（1）从当时社会的现状，"风俗日偷，道德沦丧"。

（2）从大学生的责任，"地位甚高，肩此重任，责无旁贷"。

4. 综合全文看，这篇演讲词在结构上有什么特点？

明确：围绕如何做一个优秀的北大学子展开，简短的开场白，引出话题。正文从三个方面逐一阐述，结尾总结话题，层次分明，脉络清楚。

四、三读文章，重难探究

1. 理解语句含义，体会语言风格。

（1）"诸君肄业于此，或三年，或四年，时间不为不多，苟能爱惜光阴，孜孜求学，则其造诣，容有底止。"这句话的含义是什么？

明确：这句话是蔡元培先生对青年学子的勉励，他认为学生在校应努力钻研学问，增长见识。如果珍惜这三四年的时间认真学习，定会有深的造诣。

（2）"不唯开诚布公，更宜道义相勖，盖同处此校，毁誉共之，同学中苟道德有亏，行有不正，为社会所訾詈，己虽规行矩步，亦莫能辩，此所以必互相劝勉也。"这句话的大意是什么？体现了蔡元培先生怎样的态度？

明确：这句话讲的是青年学子之间相互友爱、相互劝勉，在德行上共同进步的必要性。体现了蔡元培先生对北大学子的厚望。

2. 在演讲结尾，蔡元培先生提出了近期计划要做的两件事，一是改良讲义，二是添购书籍。这两件事是不是太小了，与他教育改革家的形象不相符？

提示：从大处规划，从小处入手正是改革家脚踏实地、务实精神的体现。

明确：这恰恰反映了蔡元培先生脚踏实地、从小事做起的务实作风，说明他不是好大喜功的人。这两件事都是很迫切、很有用的。改良讲义可以改变学生懒惰的毛病，使那些平时不看书、考试突击讲义的混文凭的学生没有空子可钻。添购书籍和他推行的著名的"思想自由、兼容并包"的治校原则是分不开的。学生可以通过阅读具有先进思想的书籍更新观念，也可以对知识进行深入研究。这两件事情虽小，却是建构一所优秀大学的基本条件，也是改良北大流弊、树立健康校风最迫切需要的，都很重要。

3. 这篇演讲词在语言上有何特点？请结合演讲的背景简要予以分析。

明确：这篇演讲词写于文言文向白话文过渡、新旧两种文体并行的时期。从文章基本的框架看还是文言文，有大量的文言字词和文言句式，多用单音词、语气词等，但另一方面文章又比较浅显，有许多口语成分，读起来既有文言的言简意赅、意味深长，又有口语的明快易懂。

4. 为什么要将"抱定宗旨"放在前，而将"敬爱师友"放在后？

明确：宗旨，做事情的初衷和目标。德行是行为的保障，敬爱师友是一个人待人接物的涵养，"涵养"决定人的行为质量。

宗旨——行为的起点
德行——行为的保障 ｝ 体现演讲词逻辑性
涵养——行为的质量

五、教师总结

蔡元培先生的就职演说，在一番寒暄之后，开门见山，提出了三个要求，最后总结性地提出今后两个计划。而这些都是为了让北大的学子们成为更优秀的人。要求与计划的每一点都事关北大的前途和命运，也是青年学子们迫切需要的，深深抓住了听众的心理。蔡元培100多年前在北大的就职演说，不仅唤醒了当年的北大学子，也打动了我们的心灵。他不朽的声音，将穿越时空，永远回荡在我们灵魂的深处，陪伴我们不断成长，走向每一个成功。

六、作业

完成课后"研讨与练习四"。

七、板书设计

就任北京大学校长之演说

蔡元培

观点鲜明　　逻辑性强　　语言文白相间→通俗性

在马克思墓前的讲话

> **学习目标**
> 1. 理解本文逻辑严密的结构特点。
> 2. 联系语境,揣摩文中重要语句的深刻含义。

一、创设情境,导入新课

曾经有一个女儿问她的父亲:"您的座右铭是什么?"父亲的回答是"思考一切"。这位以"思考一切"为座右铭的父亲就是著名无产阶级革命导师,被誉为千年来最伟大的思想家之一的马克思。他的一生,一直在思考他遇到的一切问题,为人类社会做出了巨大的贡献,一直到他逝世,才停止思考。在向这位伟人告别时,他的亲密战友恩格斯发表了《在马克思墓前的讲话》。

二、初读文本,自主探究

1. 知讲话内容:本文是演讲词,在墓前又是一篇悼词。
2. 明悼词的结构与内容。

悼词
├─ 开头：介绍死者的生前身份，逝世时间、地点、原因及其享年等。述其哀。
├─ 主体：追述死者的经历及一生中主要成就和贡献。赞其功。
└─ 结尾：对死者表示哀悼之情，对悼念人提出希望和要求等。颂其德。

3. 阅读全文，根据悼词的特点理清文章的结构。

明确：（1）追述马克思逝世的时间、地点和情景。（第1段）

（2）叙述马克思生前的主要活动，评价了马克思一生的伟大贡献。（第2～7段）

（3）论述马克思在当代的巨大影响，并对他的逝世表示深切的悼念。（第8～9段）

三、再读文本，探究思路

1. 课文第2段在叙述马克思逝世造成的两大方面的巨大损失时，先说对革命实践方面的，后说对革命理论方面的。但从第3段开始具体叙述马克思对无产阶级事业的伟大贡献时，这两方面次序好像颠倒过来了，是颠倒了吗？

明确：马克思同时具有科学家和革命家这两重身份，但这两重身份并不是对立的，是高度统一的。因为作为革命家的马克思，他对无产阶级革命实践所发挥的作用主要是，用创造性的革命思想为具体的革命实践提供理论指导。课文第7段说："因为马克思首先是一个革命家。他毕生真正的使命……"这段话说明马克思对无产阶级最伟大和最主要的贡献，就是从根本上震撼了资本主义制度和他的国家机器，从根本上唤醒了无产阶级的解放意识和社会方面的"两大发现"，所以第3段以下的内容看似与第2段颠倒了，其实没有。第2段是下文的总纲。

2. 结构严谨而逻辑严密。

明确：结构前后连贯，步步深入，层次分明而又浑然一体。这严密的结构是建筑在严密的逻辑基础上的，作为无产阶级的领袖，他的科学思想和革命实践是统一的，他的科学理论和革命科学观是统一的，他的爱和恨是统一的。作者在建构文章时，正是根据这些事物的内在逻辑联系来组织和安排材料的。

四、质疑探究，品析语言

1. 研读第1段。

（1）作者为什么要在开头点明马克思逝世的具体时间？

明确：①因为这是在葬礼上的讲话，需要向全世界公布逝世的准确时间。②强调这是全世界无产阶级应当永远不忘的时刻。③表明马克思生命的每一刻对世界无产阶级都十分宝贵，饱含了对马克思的无限崇敬和赞扬。

（2）这一段交代了马克思逝世这一事件，用了哪些词语来交代？用了怎样的手法来表现？有怎样的表达效果？

明确：词语有"停止思想""永远""睡着"。

手法：讳饰（婉曲）。

效果：【预设】①用了讳饰的修辞手法，是为了突出马克思的伟大，因为他是一位卓越的思想家，他的逝世，使无产阶级和劳动人民失去了一个最睿智、最重要的阶级头脑。②马克思的逝世给人们带来巨大悲痛，人们不愿也不忍说出。

2. 研读第2段。

（1）本段在文中起什么作用？用了哪些词语来说明他的逝世所带来的损失之大？

明确：作用是总纲。

第一个"对于"是指马克思对无产阶级革命运动的领导作用；第二个"对于"是指马克思对社会科学理论的创建。

词语:"不可估量""空白"。

(2)把"不可估量"换成"巨大","空白"换成"严重情况",效果怎么样?

明确:不用"巨大",而用"不可估量"(无法估计和衡量),因为后者程度高,强调了马克思逝世的损失之大,同时也赞扬了马克思主义对于指导革命的伟大作用。不用"严重情况",而用"空白",因为前者语意含糊,而后者则说明了马克思在无产阶级革命事业中的地位是没有人可以取代的,突出了马克思的逝世对于无产阶级革命事业,对于历史科学所造成的不可弥补的损失。

(3)本段是从哪些角度来评说马克思逝世所造成的巨大损失的?

明确:一是从受损失的对象(无产阶级、历史科学),一是从受损失的程度(不可估量、空白),强调马克思对于无产阶级革命所起的无与伦比的重要作用。

3.研读第3～7段。

(1)马克思一生中对人类的伟大贡献主要有哪些。

明确:作为一个科学家,发现人类历史的发展规律、资产阶级社会的特殊运动规律。作为一个革命家,办报纸、参加各国工人组织、创立国际工人协会。

(2)第6段在全文结构中具有怎样的作用?马克思是怎样认识科学的?

明确:过渡段,承上启下。由讲述马克思对科学的贡献过渡到讲述对革命实践方面的贡献。科学是一种革命的力量。(对科学的革命的态度)

4.第8段中,"他对这一切毫不在意,把它们当作蛛丝一样轻轻拂去"中"这一切"又指什么?这一比喻起到了什么样的表达效果?

明确:指资产者"诽谤他,诅咒他"。用具体形象的蛛丝来代替抽象的流言,含蓄地表现了马克思崇高的精神境界。

5.第9段只有一句话,你觉得它和全文有什么样的联系?

明确:这句话简短有力,富有鼓动性,既是对马克思一生的总评,也感召后人继往开来。

五、教师总结

马克思是一位巨人，为无产阶级革命事业做出了巨大的贡献，让我们站在巨人的肩膀上，毅然前行。最后，请同学们齐声诵读文章，对伟大的革命家表达我们深深的敬意。

六、作业

完成课后"研讨与练习三"。

七、板书设计

在马克思墓前的讲话

恩格斯

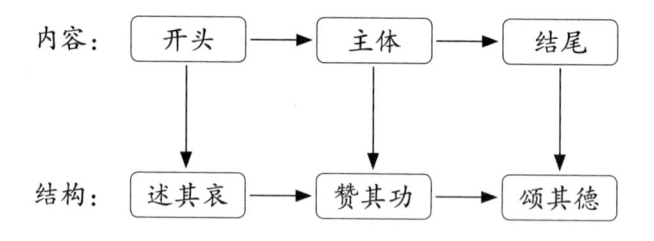

内容： 开头 → 主体 → 结尾

结构： 述其哀 → 赞其功 → 颂其德

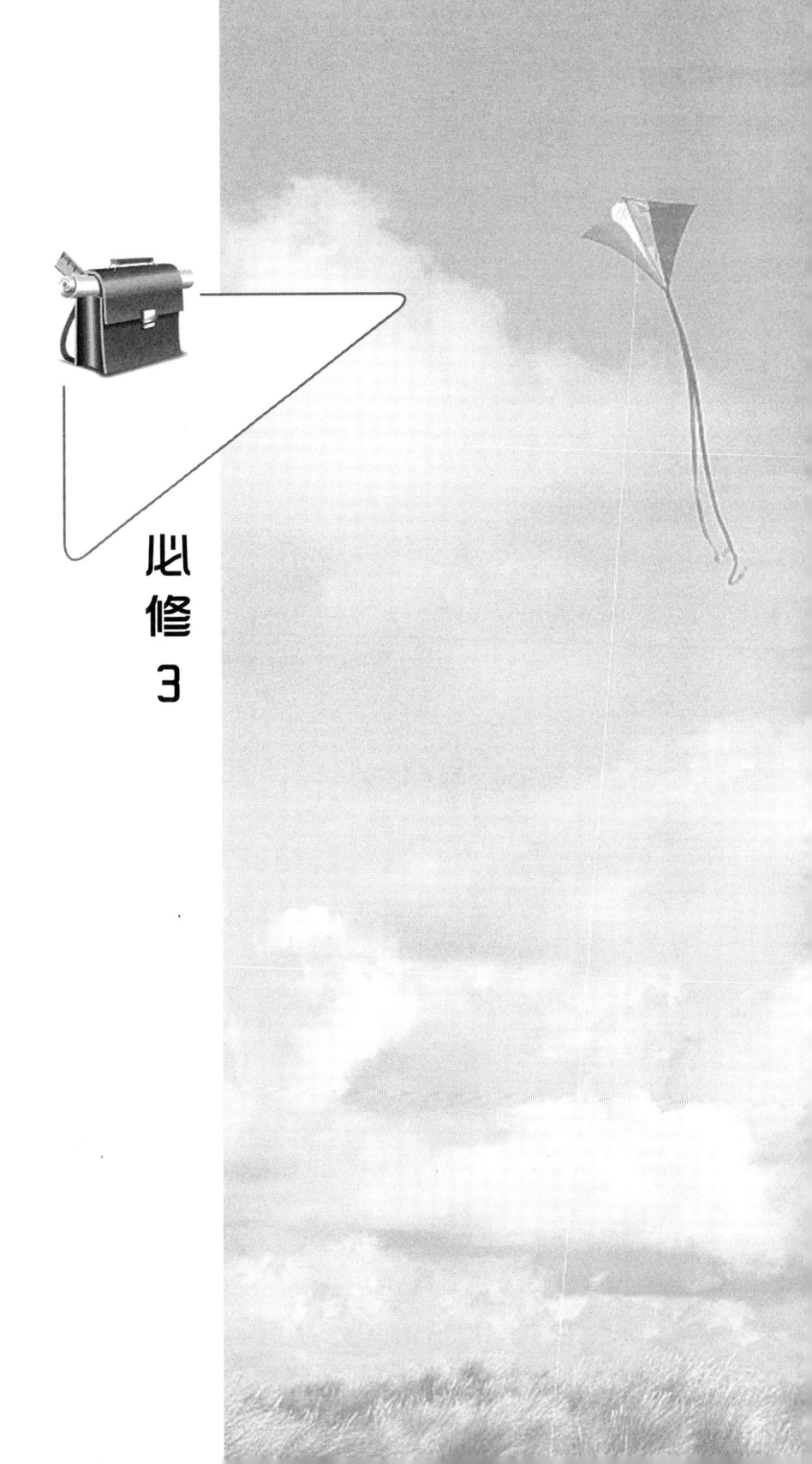

必修 3

林黛玉进贾府

> **学习目标**
> 1. 在熟悉课文情节、环境描写的基础上分析王熙凤的人物形象。
> 2. 了解《红楼梦》塑造人物的方法。

一、创设情境，导入新课

文学是人学，真实地再现典型环境中的典型人物，是现实主义优秀作品必须具备的重要条件。《林黛玉进贾府》这一课写黛玉进贾府第一天的行踪，通过她的耳闻目睹和内心感受，介绍了贾府的一批重要人物，初步展现了贾府的概貌，拉开了《红楼梦》故事发展的帷幕，虽是节选，但主要人物形象已得到鲜明的体现。节选的这一课描写最精彩的人物当数王熙凤和贾宝玉，这节课我们就来品味一下这份精彩，品味精彩的人物形象。

二、初读文本，感知王熙凤的形象

王熙凤在贾府中是杀伐决断、威重令行的铁腕人物，因此作者塑造这个人物时可谓不遗余力，王熙凤是在什么情况下出场的？为什么要这样安排？

明确：黛玉进贾府后，首先与贾母相见，然后又与贾府众女眷，如王夫人、邢夫人、李纨、迎春、探春、惜春一一相见。贾母正在与黛玉谈话之际，王熙凤出场了。

这样精心的艺术安排作者是用心良苦的。王熙凤在贾府中是一个举足轻重的人物。如果安排她与众人同时出场，不仅会由于贾母和黛玉相见的场面，腾不出场面展开对她的刻画，也不能单独介绍她，而且也不能通过黛玉的眼睛显示出她在贾府中的特殊地位，当然也更难于充分描绘她的个性特征。因此，作者把她安排在黛玉已和贾府众女眷见过面都在场的情境里。黛玉对于贾府的家规已有了初步了解，这时让她出场就有了她单独活动的广阔天地。而这个众人都在的场面，也便于多面地表现她的性格。

三、深剖细析，探究王熙凤的形象

读有关王熙凤的文字，找出有关王熙凤出场、服饰、容貌、语言、动作的描写，思考作者是如何从这几个方面展示王熙凤的个性的。

1. 出场方式：人未至而声先闻，众星捧月一般出场。

2. 贾府规矩众多，谁也不可失礼，那么，王熙凤为何如此"放诞无礼"呢？作者为什么要这样写？

明确：突出王熙凤在贾府这样一个特定环境中的特殊身份和特殊地位。

3. 作者是怎样描写王熙凤的肖像的？

明确：漂亮，但不温柔、敦厚、善良。

4. 王熙凤的服饰特点：浓妆艳抹、遍体锦绣、光彩照人、恍若神妃仙子，对她的描写似褒实贬，过于修饰包装是俗气而不是美丽。

5. 服饰和外貌仅仅是一种静态的描写，要想充分展示人物的个性，还必须在动态中进行刻画。

明确：（1）出场时的语言：人未到而声先闻，显示人物的尊贵身份和泼辣性格。

（2）见黛玉：赞美容貌，说通身的气派，转悲为喜。（其虚伪和机变逢迎的性格暴露得淋漓尽致）

（3）回王夫人：办事圆熟干练，善于机变，已深得贾母和王夫人欢心，从而独揽了荣国府大权。

四、合作互动，概括王熙凤的形象

王熙凤是一个精明能干、惯于玩弄权术的人。外表美丽，为人刁钻狡黠，明是一盆火，暗是一把刀。善于阿谀奉承，深得贾母欢心，独揽贾府大权，成为贾府的实际统治者。

五、教师总结

这节课我们着重分析了王熙凤的性格特点，作者运用多种描写手段从不同角度，全方位地刻画了王熙凤的艺术形象。王熙凤之所以能够成为文学画廊里一个鲜活的形象，关键在于她的个性是独一无二的。这就给了我们一个深刻的启示：在描写人物时，绝不能千人一面，而要抓住每个人物的个性特点去写，这样写出的人物才会有血有肉，富于久远的生命力。

六、作业

运用本节课学到的知识，分析、归纳贾宝玉的形象。

七、板书设计

林黛玉进贾府

曹雪芹

王熙凤 { 精明能干、玩弄权术 / 外表美丽、刁钻狡黠 / 阿谀奉承、善于机变 }

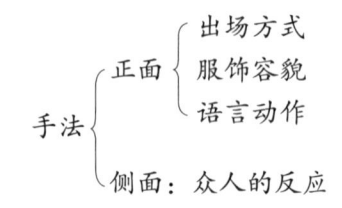

手法 { 正面 { 出场方式 / 服饰容貌 / 语言动作 } / 侧面：众人的反应 }

祝　　福

学习目标

1. 借助祥林嫂这一人物形象，探究其悲剧的成因。
2. 挖掘造成祥林嫂悲剧的社会根源，认识封建礼教吃人的本质。

一、创设情境，导入新课

著名作家丁玲说：祥林嫂是非死不行的，同情她的人和冷酷的人、自私的人，是一样把她往死里赶，是一样使她精神上增加痛苦。那么，祥林嫂为什么非死不行？谁是杀害祥林嫂的凶手呢？这节课我们借助祥林嫂这一人物形象，探究其悲剧的成因。

二、品读人物形象，品悟祥林嫂的悲惨命运

1. 找出并品读祥林嫂三次出场时的外貌描写。

明确：初到鲁镇：头上扎着白头绳，乌裙，蓝夹袄，月白背心，年纪大约二十六七，脸色青黄，但两颊却还是红的……但她模样还周正，手脚都壮大，又只是顺着眼。

再到鲁镇：她仍然头上扎着白头绳，乌裙，蓝夹袄，月白背心，脸色青黄，

只是两颊上已经消失了血色，顺着眼，眼角上带些泪痕，眼光也没有先前那样精神了。

临死之前：五年前花白的头发，即今已经全白，全不像四十上下的人；脸上瘦削不堪，黄中带黑，而且消尽了先前悲哀的神色，仿佛是木刻似的；只有那眼珠间或一轮，还可以表示她是一个活物。

2. 从这三个时期的人物描写看人物形象的变化。

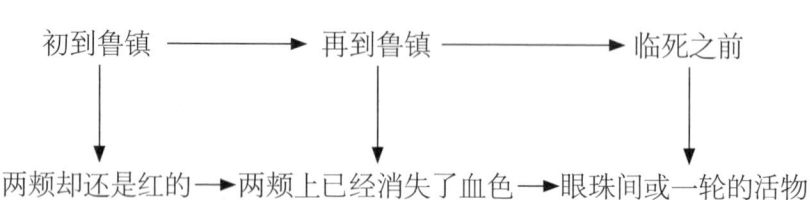

初到鲁镇 ⟶ 再到鲁镇 ⟶ 临死之前

两颊却还是红的 ⟶ 两颊上已经消失了血色 ⟶ 眼珠间或一轮的活物

小结：祥林嫂从一个模样周正、手脚壮大、不惜力气的人变为一个眼珠间或一轮的活物。

3. "活物"一词刻画出祥林嫂怎样的生命状态？

点拨归纳："活物"而非"活人"，突出祥林嫂遭遇悲惨，乞讨无路，陷于绝境，内心深处受到摧残，精神麻木，已是濒于死亡。

三、合作探究悲剧成因

1. 找出文中有关祥林嫂死因的语句。

明确："还不是穷死的？"

2. 一个手脚壮大、不惜力气的人为什么会穷死呢？请阅读"祥林嫂再嫁"一段文字，找出有关人物描写的动词及别人对她行为评价的词语。

明确：动词："嚎""骂""撞"。

评价：祥林嫂真出格，实在闹得利害。

3. 她"闹得利害"，她"闹"的是什么？

明确：不想再嫁。

4. 为什么不想再嫁，甚至以死相抗？是真的不想再嫁吗？

明确：好女不嫁二夫，从一而终的思想根深蒂固，不想再嫁，然而封建礼教的族权逼迫她再嫁。夫权让她守节，族权让她失节。

"闹"的结果是什么？——被迫再嫁。

5. 再嫁给祥林嫂的生活带来什么影响？请找出文中其他人对祥林嫂再嫁的态度，他们在祥林嫂一生的悲惨命运中起了怎样的作用？（学生讨论、分析、归纳）

明确：

周围的人	态度	所起作用	权力
鲁四老爷	剥削，鄙视，厌恶	禁摆祭品，阻断生路	政权
柳妈	嘲笑恐吓	加重精神负担，欲死不敢	神权
鲁镇的人们	音调不同，笑容冷冷的，冷漠嘲笑	寡妇再嫁，欲活不能	夫权

小结：人们之所以这样，是因为祥林嫂再嫁。

由于再嫁，祥林嫂成为不洁之人，人们嘲笑她，恐吓她，厌恶她，鄙视她，使得她有力无处使，勤劳无处劳，善良无回报，悲惨无同情，最终成了手持长竹竿，提着竹篮，篮中一个破碗，空的，眼珠间或一轮的活物。

6. 通过以上分析，请同学们总结祥林嫂穷死的原因，并概括小说主题。

点拨：许寿裳先生说："人世的惨事，不惨在狼吃阿毛，而惨在礼教吃祥林嫂。"

教师小结：夫权要她守节，族权让她无法守节，政权鄙视她的失节，神权惩罚她的不守节，封建礼教和封建迷信的"四条绳索"，紧紧地束缚着祥林嫂，使她最终成了一个木刻似的"活物"，在痛苦的挣扎中怀着对地狱的恐惧，窒息而亡。

四、拓展探究

1. 从小说中人物名字的特点，探究礼教对当时世人的影响。

人物：祥林嫂、鲁四老爷、四婶、阿牛、祥林、贺老六、阿毛、卫老婆子、柳妈。

示例：祥林嫂——随夫命名，"出嫁从夫"，连名字都不配有，深刻揭示了旧中国政权、族权、神权、夫权对女性的沉重压迫，凸显旧中国妇女地位的低下。

2.政权、族权、神权、夫权这"四条绳索"使祥林嫂欲生不得，欲死不敢，那么有什么办法可以解救祥林嫂似的悲剧呢？

点拨：引导学生关心他人，同情弱者，珍惜今天的幸福生活。

五、课堂总结

通往幸福的道路何止千万条，却没有一条适合祥林嫂的，愿祥林嫂安息！

生命之花神圣而美丽，没有任何力量能够阻止它的绽放。时光荏苒，礼教的桎梏，宗法的严酷……那一段浸满了妇女血泪的黑暗历史，将永远定格在历史的深处，愿我们真正敬畏生命、尊重生命，祥林嫂似的悲剧将不再重演！

六、作业

完成课后"研讨与练习四"。

七、板书设计

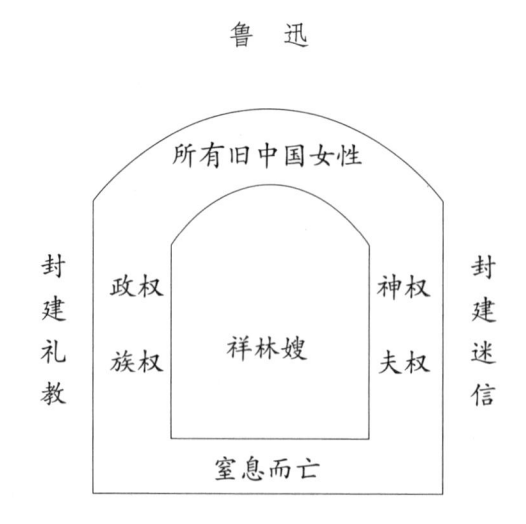

祝　福

鲁　迅

```
         所有旧中国女性
    ┌─────────────────────┐
 封  │  政   ╱───╲   神   │ 封
 建  │  权  │     │  权   │ 建
 礼  │  族  │祥林嫂│ 夫   │ 迷
 教  │  权  │     │  权   │ 信
    │      ╲─────╱       │
    │      窒息而亡       │
    └─────────────────────┘
```

老人与海

> **学习目标**
> 正确把握桑地亚哥的"硬汉"形象，体会"硬汉"精神对学习、生活的指导意义。

一、创设情境，导入新课

故事导入，有一个老渔民桑地亚哥，他是一个背运的老人，他已经连续84天没有捕到鱼了，第85天继续出海，经过三天两夜的搏斗，耗尽了体力，皮开肉绽才最终捕获了一条长5米多、重1500多磅的大马林鱼，正当老人要高兴返航时，却遇到了鲨鱼来袭，接下来又发生了什么故事呢？让我们一起走进海明威的《老人与海》。

二、整体阅读，提取信息

1. 桑地亚哥与来袭的鲨鱼搏斗几次？

明确：

	第一次	第二次	第三次	第四次	第五次
搏斗对象	一条鲭鲨	两条铲鼻鲨	一条犁头鲨	两条星鲨	成群结队的鲨鱼
工具及使用结果	用鱼叉（丢）、绳子（断）	用刀子（钝）、桨	用刀子（断）、桨	用短棍	用短棍（丢）、舵把（折）
结局 鲨鱼是否被打败	是	是	是	是	是
结局 大马林鱼的情况	大鱼被吃掉40磅	大鱼被吃掉四分之一		大鱼的半个身子都被咬烂了	大鱼只剩下残骸

2.老人是在什么样的身体状况下进行搏斗的？

明确： 老人的身体状况：老人手受伤→老人手淌血→老人累乏→老人手痛→老人极疲乏。

第一次：在和大马林鱼搏斗三天两夜后，手受伤了；第二次：手上的伤加重；第三次：吃点马林鱼肉，攒些力气，手淌血；第四次：觉得自己已经死了，手痛，连说话的力气都没有；第五次：身体又痛又发僵，伤口和身上一切用力过度的部位都因寒冷而痛得厉害。

3.老人不顾一切地搏斗的目的是什么？有没有达到他的目的？在这一过程中，老人有没有后悔动摇过？

明确： 目的是捕到鱼，并顺利返回。他充满自信，却没有达到目的。他后悔动摇过，但他战胜了自己。

4.从刚才的分析可以看出老人是一个什么样的人？

明确： 百折不挠、坚强不屈、永不言败、永不服输、顶天立地的男子汉的形象。

5.请从老人与鲨鱼搏斗的情节中，概括老人的性格特征。

明确： 通过这些情节，我们可以看出老人桑地亚哥坚强、刚毅、勇敢、无畏地面对痛苦和死亡，是一个无论情况多么严重，困难多么巨大，死神多么可怕，都不失人的尊严，不失勇气和决心的硬汉子。

三、研读课文，合作探究

1. 老人有可能将大马林鱼成功地带回港口吗？为什么？

明确：不可能。如果他不反抗，大马林鱼会被鲨鱼吃掉；如果反抗，鲨鱼必会受伤流血，定会招来更多的鲨鱼围攻，也会吃掉大马林鱼。

小结：面对着注定失败和死亡的威胁，老人却从未放弃过抗争，这是一种知其不可而为之，宁死不屈的精神，从老人身上我们看到了一种"硬"气。男子汉的一切特质再加上这种宁死不屈的硬气，我们称之为"硬汉精神"。

2. 面对鲨鱼，一位老人能大声疾呼：在肉体上可战胜我，但在精神上永远不可战胜我。想一想，鲨鱼象征着什么？在现实生活中，你还能想到哪些事物要我们与之抗争到底？

明确：不幸、厄运、困境、疾病。总之，面对逆境，我们不能轻言放弃。

四、合作互动，突破重点

老人是失败了还是成功了？（结合失败的定义。失败：丧失信念，放下武器）

明确：结果失败，过程成功。

"可是一个人并不是生来要给打败的""你尽可把他消灭掉，可就是打不败他"。这是桑地亚哥的内心独白，也是小说的核心精神，它生动地揭示了桑地亚哥的内心世界和人生追求，也是作者海明威的思想观与价值观的反映。这句话意味着，人生的使命是奋斗，是与命运做不懈的抗争。人生下来虽然面临种种自然与社会的挑战，也许这些挑战强大到足以把人的肉体消灭，但一个人只要保持旺盛的斗志和在任何艰难险阻面前不屈服的精神，就永远是胜利者。小说中的老渔夫桑地亚哥虽然最终没能保住大马林鱼，但在与鲨鱼搏斗的过程中，他表现出无与伦比的力量和勇气，不失人的尊严，是精神上的胜利者。

五、教师总结

"一个能够忍受无限苦难的心灵处于苦难的折磨中"是悲剧人物受难的特征。朱光潜曾引用一个英国学者的话说:"悲剧中最有价值的东西,正是来源于令人极为感动的忍受痛苦的崇高态度。"受难是一种崇高,耶稣的受难是一种崇高的人格,英雄也在于如此。

我们把心中英雄的首席献给桑地亚哥。

六、作业

本文中的心理描写也是本文的成功之处,请同学们找出来并进行赏析。

七、板书设计

老人与海
海明威

搏斗
老人(桑地亚哥)⟷鲨鱼
五次

永不言败　硬汉精神

蜀道难

> **学习目标**
> 1. 探究本课的情感主旨。
> 2. 鉴赏李白激昂俊逸的诗风。

一、创设情境,导入新课

在我国文学史上,曾经出现过一位伟大的浪漫主义诗人,被人们尊称为"诗仙"。大家知道是哪位诗人吗?是的,他就是李白。我们学习过不少李白的诗歌,例如大家都熟悉的《静夜思》《黄鹤楼送孟浩然之广陵》等,都是脍炙人口的名篇。曾经有人认为,李白的诗歌都是在喝醉酒的情况下创作的,是酒引出了他的诗意。真的如人们所说的那样吗?还是另有玄机呢?今天,我们就通过学习《蜀道难》对他进行一番彻底的了解。

二、诵读诗歌,感知风格之奇

1. 下面先请大家听老师诵读一遍,听的时候注意感受诗歌风格。
2. 学生诵读,通过诵读和听读感受这首诗歌有怎样的风格。
明确: 雄浑、豪放。

3. 主旋律是哪几句话？在诗中出现了几次？

明确：噫吁嚱（xī），危乎高哉！蜀道之难，难于上青天！蜀道之难，难于上青天，使人听此凋朱颜！蜀道之难，难于上青天，侧身西望长咨嗟！

三、品读诗歌，涵泳意境之奇

欧阳修这样评价《蜀道难》："太白之精下人间，李白高歌蜀道难，蜀道之难，难于上青天，李白落笔生云烟。"李白这种与众不同的风格是如何通过语言来营造的？他反复咏叹蜀道难，蜀道到底难在哪儿？请同学们抓住文章的主旋律，思考主旋律分别从哪个角度突出了蜀道难，选择你认为最精彩的句子加以赏析，注意句子所用的表现手法。

1. 赏析第1小节。

（1）第一处的"难"是从什么角度写蜀道难的？

明确：第一处"蜀道之难，难于上青天"中的"难"主要是说山势之高。

（2）哪些句子可以体现这一特点？选择你认为写得最精彩的一句来鉴赏。

明确：①"上有六龙回日之高标，下有冲波逆折之回川。"

用了"六龙回日"的神话故事，作者还用了上下对举的方式说明蜀道难行，写出了山势之高，绵延接天，万仞之高，极望回旋，把蜀道的危和高写得令人心惊肉跳。

小结：主要用了神话，突出了蜀道的高峻，连太阳神见了它都要绕道行驶，意象可谓阔大雄奇。

②"地崩山摧壮士死，然后天梯石栈相钩连。"

巧妙地化用"五丁开山"这个神话传说故事，写出了开凿蜀道的难，写出了古代人民与自然的斗争和改造自然的强烈愿望，以及改造自然的困难。这句话显得很有气势，写出了古代劳动人民在劈山架路过程中的悲壮业绩，而且这句话还运用了传说故事，极富有浪漫主义色彩。

小结：第1小节里有大胆的夸张，有丰富的想象，还引用了神话传说，虚实结合，意象十分雄奇、壮阔，感情奔放，读来确实有摄人魂魄的效果，充分地体现了李白浪漫主义诗歌的特点。

2.赏析第2小节。

（1）第2小节有两处描写文字，请分别勾画出来。

（2）这两处描写展示了蜀道的什么特点？

明确：描写了蜀道的险。

（3）这两处文字是怎样来表现蜀道的险峻的？

明确：①"但见悲鸟号古木，雄飞雌从绕林间。又闻子规啼夜月，愁空山。"

这是诗人设想游者在途中所见到的景物。画面是凄清的：鸟鸣，使山林显得更加幽静，像原始森林一样荒寂无人，跟此前的画面相比，色调是变了，也表现了蜀道景物的多样，但气氛是逼人的，令人感到孤寂得可怕。

借景抒情：古木荒凉、鸟声悲凄（悲鸟号古木，子规啼夜月）使人闻声失色，渲染了旅途之愁和蜀道上空寂苍凉的环境氛围，有力地烘托了蜀道之难。

②"连峰去天不盈尺，枯松倒挂倚绝壁。飞湍瀑流争喧豗，砯崖转石万壑雷。"

这是一幅极其惊险的画面，与上文着重写蜀道之高不同，连峰绝壁，砯崖转石，都会危及游人的生命，使人望而生畏，闻而心惊，故下文云"其险也如此"。还运用了夸张手法，"连峰去天不盈尺""枯松倒挂倚绝壁"，夸饰山峰之高，绝壁之险，渲染惊险的气氛。

小结：如此多的画面此隐彼现，其境界之阔大，自不待言，且无论写山之高，水之急，河山之改观，林木之荒寂，连峰绝壁之险，皆有逼人之势，其气象之宏伟，确非他人之可及。再从总体来看，其变化之速，越变越奇，又往往出人意料，使人目不暇接。故沈德潜云"起雷霆于指顾之间"，绝非虚言！

3.赏析第3小节。

（1）第3段是从什么角度写蜀道的呢？

明确："一夫当关，万夫莫开"表现了蜀道易守难攻，写出了地势的险要。

"所守或匪亲……杀人如麻"，写出了蜀地凶险。

小结：蜀道如此高峻，如此险阻，猛兽如此凶恶。

（2）如果让你们进蜀山，走蜀道，你们会有什么感受？

（3）诗人用什么手法写蜀道？

明确：李白这种瑰丽的想象，大胆的夸张，神奇的传说，奔放的激情，构成了他浪漫主义的表现手法；奔放的激情，瑰丽的想象，大胆的夸张，神奇的传说，就是其浪漫主义特征的表现。

四、精读诗歌，揣摩意蕴之奇

1. 那么李白为什么要极写蜀道难呢？请看教材注释①。

明确：这首诗是为送别友人而作，"黯然销魂者，唯别而已"。同样是送别，本诗却没有一点送别的哀婉之情，而是极写蜀道难，目的是劝友人不要去。

2. 哪些句子体现了他的意图？

明确："问君西游何时还？畏途巉岩不可攀。""其险也如此，嗟尔远道之人胡为乎来哉！""锦城虽云乐，不如早还家。"

3. 劝友人不要去，是不是全诗的所有意图呢？

补充写作背景。

请同学们结合背景以及诗歌的第3小节讨论一下，诗人有没有言外之意？

明确：言外之意的两种解读。

第一种：融入身世之感，感叹人生之难、仕途之难，不如放浪形骸，回归精神家园。第二种：警告当时的统治者，谨防军阀割据，表现出对时局的隐忧。

李白是在用一番奇语倾吐一腔幽愤之情，一副狂态难掩一颗赤子之心。

五、教师总结

李白，不愧是"诗仙"，他的诗歌以他想象的丰富奇特，风格的雄健奔放，色调的瑰伟绚丽著称于世。"言出天地外，思出鬼神表"（皮日休）是对李白诗歌最准确的概括。

六、作业

背诵并默写这首诗。

七、板书设计

蜀道难

李 白

结构	感情	手法
一叹其高险	爆发	夸张
二叹其惊险	延续	
三叹其凶险	收束	想象

秋兴八首（其一）

> **学习目标**
> 1. 赏析品味作品触景感怀、情景交融的写作手法。
> 2. 领会诗人感时伤世、忧国忧民的爱国情怀。

一、创设情境，导入新课

在古典悠悠的清芬中，我们的前人会从一张张薄薄的书页中立起，踏着秦砖汉瓦，穿越唐山宋水，衣袂飘飘地从字里行间向我们走来。今天，向我们走来的这位诗人我们并不陌生，他的诗被称为"诗史"，他被称为"诗圣"，他是我国伟大的现实主义诗人，同情人民疾苦，创作了大量的反映下层艰苦生活的诗篇。闻一多先生认为他是"四千年文化中最庄严、最瑰丽、最永久的一道光彩"。他就是我国文学史上伟大的现实主义诗人——杜甫。

现在，让我们通过《秋兴八首（其一）》，走近这"四千年文化中最庄严、最瑰丽、最永久的一道光彩"。

二、初读诗歌，吟诵感知

1. 指生朗读：校正读音，明确节奏。

2. 合作译诗：结合注释，疏通诗意；提出疑问，讨论解决。

三、再读诗歌，自主探究

1. 本诗写了什么意象？营造了什么样的意境？

明确：意象——玉露、枫树林、巫山巫峡、江间波浪、塞上风云、丛菊、他日泪、孤舟、寒衣、刀尺、暮砧。

意境——衰败、萧瑟、阴森又风云变化的悲壮意境。

2. 总结把握诗歌思想感情的方法。

明确：（1）通过抓取意象、分析意象，透过意象把握思想感情。

（2）寻找诗中关于文章主旨的表达情感的语句。

丛菊两开他日泪，孤舟一系故园心。

明主旨，抒羁旅之愁，发思乡之苦。

3. 诗人是怎么写的？运用相关诗歌鉴赏的知识进行分析。

明确：首联借景抒情，状秋季阴森之景，衬作者低沉心境。颔联触景生情，抒发感慨，情因景而显，景因情而深。颈联营造氛围，传达时光流逝、人生无常的喟叹和感慨，给人凋零哀伤之感。尾联诗人将关注点转移到生活中，写千家万户的捣衣声，其用意何在？

明确：岁至寒冬……听到这声音怎能不生出孤苦无依的羁旅伤感之情，寓凄苦、思乡之情于捣衣声……含蓄蕴藉，韵味绵长。

四、三读诗歌，涵咏赏析

1. 请同学们谈谈读诗的初步感受，或者你在朗诵的过程中发现的问题。

预设：秋的肃杀，人的忧伤、孤独、凄凉、悲伤、凄苦等。这些情感可以从玉露、枫树林、波浪、风云、菊花、孤舟、白帝城等景物中体现出来。

2. 找出你最喜欢的诗句进行赏析。

预设：（1）"丛菊两开他日泪。"

明确：这"泪"应该是"丛菊"掉的眼泪。这让我们想到了杜甫《春望》

中的一句诗"感时花溅泪",这是人在很悲伤时景物带给人的感受。实际上不是景物在流泪,而是诗人自己。

"丛菊",为什么不选择"残菊"而选"丛菊"?

明确: 菊花开得这么茂盛,就显示出诗人的凄苦之感。而且"感时花溅泪",花开得这么茂盛,在诗人的眼中却是在掉眼泪的,形成鲜明的对比,更能体现出诗人的心境。

(2)"孤舟一系故园心。"

明确: "系",这里的"系"有双重含义,虽然这里说"系"的是舟,但实际上这个"系"牵念的是自己的"故园"。也就是说,自己的"心"牵念的是"故园",而能让自己回家的舟却"系"在岸边,舟在此,心在故乡,形成了一种反差。

"孤舟",让人联想到一只小船飘荡在波浪起伏的江面上,给人以凄凉、飘零之感,随时有被波涛吞没的感觉。

兼天涌的波浪更能突出孤舟的渺小与脆弱;江面是如此的波涛起伏,如此的宽广,一条孤舟系于岸边,更能给人一种脆弱、萧条、残败的感觉。

(3)"寒衣处处催刀尺,白帝城高急暮砧。"

明确: "暮"即"黄昏",太阳落山了,虽然当时的社会动荡不安,加上天气寒冷,但一家人能够在一起做衣服,心里还是很温暖的。这种感觉更能和作者那种不能回家的悲凉心情形成鲜明的对比。

山城这样高,但作者能清楚地听到敲打洗衣石的声音,四周很安静,而一声声的捣衣声,在这凄清的夜晚,敲击在空中也敲击在诗人的心中。

五、教师总结

这是一篇随物兴感、即景寄怀之作。诗人由深秋的衰残景象和阴沉气氛,抒发情怀,书写了因战乱而常年流落他乡、不能东归中原的悲哀和对干戈不息、国家前途未卜的担忧。自宋玉在《九辨》中感叹"悲哉!秋之为气也"以来,悲秋成为古代诗歌中常见的主旨,刘禹锡诗云"自古逢秋悲寂寥"。但杜甫此诗,不但悲自然之秋,更悲人生之秋和国运衰落之秋,充溢着苍凉的身世之感和家国之秋，含意较一般的悲秋之作远为深厚。

六、作业

背诵并默写这首诗。

七、板书设计

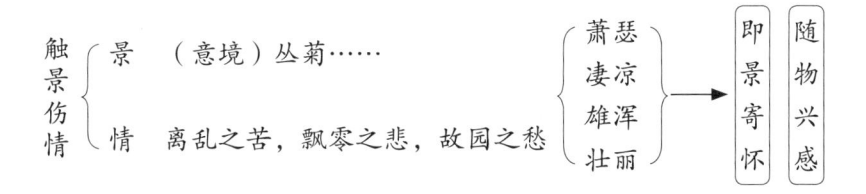

秋兴八首（其一）
杜　甫

触景伤情 { 景（意境）丛菊……
　　　　　 情　离乱之苦，飘零之悲，故园之愁 } 萧瑟凄凉雄浑壮丽 → 即景寄怀　随物兴感

咏怀古迹（其三）

> **学习目标**
> 把握诗歌内容，归纳"咏史怀古诗"的一般鉴赏方法和常见手法。

一、创设情境，导入新课

在漫长的历史长河中，我们不仅在诗人的笔下见过顶天立地的男儿，也曾有过瑰丽绚烂、令人动容的女子，杜甫笔下的王昭君就是其一。今天，就让我们一起追溯历史，走进杜甫的《咏怀古迹（其三）》，感受这一形象的永恒魅力，请同学们打开课本。

二、初读诗歌，整体感知

1.解题：从诗歌题材看，本诗咏史怀古是诗人借古抒发个人情怀的诗。（手法、用典、对比、烘托）

2.该诗主要写了昭君的哪些事？

明确：出塞和亲，死葬他乡。

3.齐读诗，读出情感，并找出本诗的诗眼。

明确：怨恨。

三、再读诗歌，合作探究

1. 昭君怨恨什么？从哪些诗句中可以看出来？

明确："一去紫台连朔漠，独留青冢向黄昏。画图省识春风面，环珮空归夜月魂。"

昭君 { 怨：远嫁异邦
       恨：远葬他乡

小结：我们回顾昭君的一生，一个倾世佳人入宫却不得宠，后来只能远离汉宫，最终身死异国，如何不叫人怨恨呢？

2. 昭君的恨是谁造成的？

明确：表面上是画师，实际上是君王昏庸。

小结：表面上看，的确是毛延寿导致其不幸，但其实则是君王造成的。若不是君王广招秀女，数量众多只能按图召幸，昭君怎会远离故土？所以颔联上句不仅是在怨恨画师无耻的行径，更是在暗讽君王的昏庸糊涂。

3. 赏析颈联的"空"字。

预设：作者认为人已逝，即使魂归来也是徒然的，虽骨留青冢，但魂灵执意在月明之夜回到故乡，说明了什么？

明确：怀念故国之心强烈。

小结：昭君之怨，昭君之恨，如此绵长，可它只能借由那深沉、幽怨的琵琶声穿越千载，萦绕在耳了。

4. 那么对于这首诗的诗句，同学们是否还有疑问？可老师仍有一个疑问，我们看首联，"群山万壑赴荆门，生长明妃尚有村"描绘了一幅怎样的画面？

明确：首联描绘了飞动变幻的群山万壑奔赴荆门的景象，"赴"字运用了拟人手法，写活了山川山谷，而那里是昭君生长的地方。

5. 之前我们说全诗围绕诗眼"怨恨"倾诉昭君之事，可首联似乎与主题关系不大，那么为何要写？另外，明代评论家胡震亨认为，这么气象雄伟的起句，只有用在生长英雄的地方才适当,用在昭君村上是不适合、不协调的。你同意这种看法吗?

明确:不同意。常言道,人杰地灵,正是因为有了如此雄奇的山水,才孕育出昭君这样美貌的、不平凡的女子。清人吴瞻泰说得好,诗人就是要借高大山川的雄伟气象来烘托、抬高昭君这个"窈窕红颜",要把她写得惊天动地。另外,说明在作者的心目中,昭君本身是一位具有大山般坚强性格的奇伟女性。所以,群山万壑之景用在此处是较为和谐的。

四、合作互动,主题探究

咏怀诗的特点是借古讽今(喻今)、借古抒情,这首诗不是写怨恨,而是借古抒情,要想知道诗人抒发了什么情感,我们就需要联系诗人的生平经历,知人论世。

补充背景:唐玄宗天宝五载,才华横溢的杜甫西入长安却进取无门,困顿十年,有才不得重用。(这与貌美天下无双的昭君不得宠相似)安史之乱爆发,颠沛流亡又为敌所俘。后投奔唐肃宗任右拾遗。他又因上疏救宰相房琯触怒唐肃宗而受排挤,无辜被贬为华州司功参军(而昭君也是君王不辨美丑令其远离故土)。晚年杜甫漂泊在西南一带,远离家乡,直至逝世不得归(昭君的结局不也正是如此吗?)。

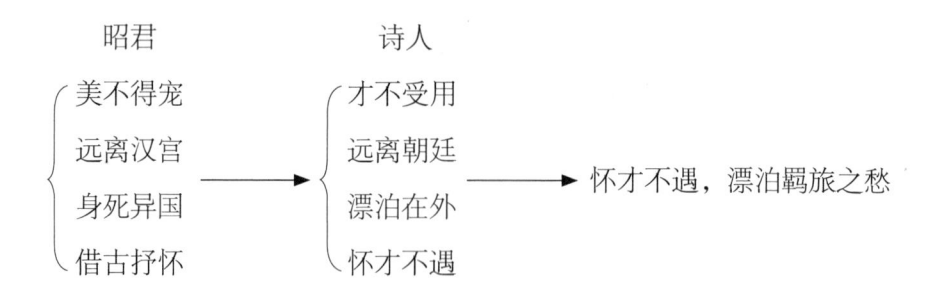

```
    昭君              诗人
┌ 美不得宠       ┌ 才不受用
│ 远离汉宫       │ 远离朝廷
┤           →   ┤           → 怀才不遇,漂泊羁旅之愁
│ 身死异国       │ 漂泊在外
└ 借古抒怀       └ 怀才不遇
```

小结:通过对比,我们发现杜甫写昭君其实是写自己,因而有人说:悲昭君以自悲也,作者悲叹感慨自己怀经天纬地之才,有匡扶社稷之心却不受大唐君主重用,想怨而不敢怨,同时又有身处乱世,漂泊他乡,思归而不得的深切怀乡之感。

五、教师总结

诗歌从咏江山之奇绝，引出咏佳人之奇美入题，接着写昭君的悲剧及其根源，为点明"怨恨"做铺垫，最后明确点出昭君之"怨"，将感情推向高潮。诗人怀人伤己，借咏王昭君不被帝遇、葬身塞外的不幸遭遇抒写自己不被重用、身世漂泊的悲苦情怀。

六、作业

背诵、默写这首诗，预习《登高》。

七、板书设计（略）

登 高

> **学习目标**
> 1. 理解杜甫在本诗中流露的深沉的痛苦和忧思。
> 2. 赏析本诗情景交融手法的运用。

一、创设情境，导入新课

我们刚学过李白的《蜀道难》，领略了李白的飘逸浪漫，今天我们将走近杜甫，学习他的《登高》，感受杜诗的特点与风格。

二、初读诗歌，整体感知

1. 了解传统习俗

以学生熟悉的诗歌《九月九日忆山东兄弟》为过渡，了解重阳节习俗，熟悉中国传统节日习俗。

2. 朗读吟诵，感知韵律美。

要求学生读准字音，读懂句意，体会律诗节奏、押韵的顺畅之美。

3. 欣赏美读，想象入境，初步感受诗歌的感情基调，学习诗歌的诵读技巧。

三、再读诗歌，品读诗情

1. 本诗是诗人登高之作，请大家找一找诗人写了哪些景物。从这些景物中可以体会出诗人怎样的情感？又用了哪些表现手法？

明确：景物有风、天、猿啸、渚、沙、鸟飞、落木、长江。

情感：悲壮。

表现手法：情景交融，景中有情。

请大家一起朗读前两联，这四句诗给我们描绘了一幅苍凉而壮阔的秋日图，在这幅图里我们已经感受到了作者的悲情。

2. 请品读诗的后两联，诗人悲什么呢？

明确：（1）离家多年，有家难归。（2）晚年多病，孤苦无依。（3）国事艰难，壮志难酬。（4）人生潦倒，消愁无途。

3. 本诗借悲秋之景抒发悲秋之情，请大家读一读，体会"悲秋"二字在诗中有几层含义。

明确：三层含义，分别是季节之秋、人生之秋、国事之秋。

四、品读诗歌，感受意境美、感情美

1. 请同学们用一个词概括这首诗的情感基调。

明确：悲凉。

2. 分组讨论分析首联、颔联共写了几种意象，并分析意象的特点及氛围，感知情感。

明确：写了急风、高天、哀猿、飞鸟、落木、长江，赏析落木、长江、哀猿、飞鸟四个意象。

预设："落木萧萧""不尽长江"两个意象，使我们领悟到诗人在面对落叶飘零、大江东去时的时光易逝、壮志难酬的苦痛。

"猿啸哀""鸟飞回"能给人留下无尽的想象去填充诗歌留下的空白。

小结：通过品析多个意象所构成的意境，深刻地感受到诗中所弥漫的悲情。

3. 从颈联和尾联中，品读诗人的深沉悲情。

明确："悲"的八重含义分别是秋日肃杀、羁旅异乡、长年漂泊、孤苦伶仃、人到迟暮、疾病缠身、国难家仇、壮志未酬。

尾联中的"艰难"在指个人艰难的基础上还有国家艰难；诗人在国事衰微、个人潦倒的生活际遇中依然有忧国忧民之情，感受诗人"穷年忧黎元，叹息肠内热"的爱国忧民的情怀。

五、教师总结

本节课我们品意象，赏意境，大家对诗歌的内涵已经能把握，也能领悟诗歌的深层意境了。那现在大家就带着对这首诗的理解再次走进诗人的内心，去诵读这首诗，去聆听一代"诗圣"杜甫的哀音（本课在深情的朗读声中结束）。

六、作业

搜集杜甫的诗作，为杜甫专题研究做准备。

七、板书设计（略）

琵琶行（并序）

> **学习目标**
> 1. 了解白居易与琵琶女两人身世的相似性，把握诗人的情感变化。
> 2. 掌握诗人描写音乐的高超技巧。

一、创设情境，导入新课

　　江西九江有一处名胜古迹，名为白居易祠。白居易祠中有一副对联，上联是"一弹流水一弹月"，下联是"半入江风半入云"。这副对联的含义是什么呢？请同学们带着这个问题学习唐代大诗人白居易的《琵琶行》。

二、初读诗文，整体感知

　　1. 请大家边读边思考一个问题，这首诗的感情基调是怎样的？你从哪些词句中可以看出？

　　明确：哀伤。凄凉→枫叶，别时茫茫，绕船月明江水寒，杜鹃啼血，满座重闻皆掩泣。

　　2. 诗前边的小序与全诗有怎样的关系？

　　明确：交代了写作背景，是全诗内容的概括，同时为全诗定下了凄切伤怀的感情基调。

3. 结合全诗，给诗中的各节拟一个小标题。

明确：秋夜送客闻琵琶，移船相邀听琴声，红颜苦女叙身世，同病相怜诉衷情，重弹琵琶皆掩泣。

三、再读文本，自主探究

1. 本诗几次描写音乐？各自从什么角度描写的？

明确：三次音乐描写

描写次数	琵琶女	描写方法	详略
一	没出场	先闻其声（侧）	略
二	应邀出场	弹奏琵琶	详
三	被诗人感动，再次弹奏	听众反应（侧）	略

2. 诗人是怎样描写音乐的？

明确：（1）运用比喻（第2节），以声喻声。

（2）以形摹声。（把无形的音乐写得有形）

（3）侧面烘托。（忽闻水上琵琶声，东船西舫悄无言，座中泣下谁最多）

四、再读诗文，合作探究

1. 写音乐（琵琶声），为什么要让琵琶女自述身世？

明确：音乐是表达情感的，《琵琶行》写音乐其意不在音乐，在人；音乐是自己身世的倾诉，因此，琵琶女的弹奏实际上是在倾诉自己的人生，她在慨叹自己身世凄凉的同时，也引出白居易的共鸣。共鸣句：同是天涯沦落人，相逢何必曾相识。共沦落（同来自京城，才能超众，落魄失意）。

2. 琵琶女历尽繁华，美人迟暮，诗人被贬江州，孤独苦闷，但一个是朝廷官员，一个是江湖歌妓，身份经历大不相同，琵琶女的遭遇为什么会引起诗人如此强烈的共鸣？

明确：琵琶女的经历，在某种程度上和诗人有共同点，才华出众却无人欣赏。

诗人在长安期间，以极大的政治热情参与朝政，忧国忧民，不顾自身，结果落得远谪僻地。在中国文学史上，自屈原的《离骚》起，就有"香草美人以喻君子"的传统，女子的容颜盛衰，得宠、失意，往往使人联想到男人的仕途穷通，所以诗人有这样的感叹。

五、教师总结

伤物，伤曲，伤人，伤己，伤别，这诸多感伤交融一体，积累沉淀，"同是天涯沦落人，相逢何必曾相识"。相似的经历，相同的情感，琵琶女与诗人萍水相逢，以诚相见，理解诗人，借曲抚慰，可谓知己难觅，故而诗人激动得泪洒青衫。这"泪"，既是诗人对被压迫妇女的同情与尊重，又是对当时社会的控诉。诗人不仅表达出对琵琶女的同情，更重要的是把自己的情感寄托在琵琶女的身上，借琵琶女诉说了内心怀才不遇的愤懑和伤感。

六、作业

背诵全文。

七、板书设计

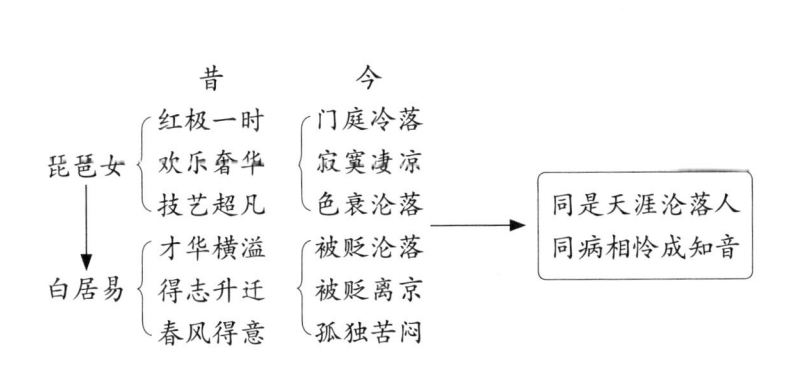

琵琶行
白居易

	昔	今	
琵琶女	红极一时 欢乐奢华 技艺超凡	门庭冷落 寂寞凄凉 色衰沦落	同是天涯沦落人 同病相怜成知音
↓ 白居易	才华横溢 得志升迁 春风得意	被贬沦落 被贬离京 孤独苦闷	

锦 瑟

> **学习目标**
> 通过诵读，体味《锦瑟》的朦胧美。

一、创设情境，导入新课

中国古代诗歌浩如烟海，其中的名诗佳句多如繁星，人们也许并不知道它们出自何人之手，却能熟记于心，并千古传诵，现在就让我们一起来完成下面的诗句对接：夕阳无限好（只是近黄昏）；身无彩凤双飞翼（心有灵犀一点通）；何当共剪西窗烛（却话巴山夜雨时）；春蚕到死丝方尽（蜡炬成灰泪始干）。

今天让我们一起走近李商隐，揭开李商隐千古名篇——《锦瑟》的神秘面纱吧。

二、初读诗歌，整体感知

1. 请学生诵读，教师指出不足。

2. 听录音，把握诵读节奏，感受诗的韵律，体味诗的意境。

3. 结合注解，翻译诗歌，概括诗的大意。

明确：锦瑟牵情，回首往事。往事如梦，感伤深沉。对月而思，美梦如烟。

追忆此情，当时惘然。

三、再读诗文，自主探究

下面每个诗句的意义是什么？表现了作者的什么情志？

（1）锦瑟无端五十弦，一弦一柱思华年。

明确：一晃年已半百，回首当年，一言难尽。开门见山，点出自己对人生价值的思考。

（2）庄生晓梦迷蝴蝶，望帝春心托杜鹃。

明确：曾经有梦想，曾经害相思。对人生终极价值的思考不唯我独有，庄子在梦中也不忘探索这个问题，以至于梦生蝶翅，己蝶难辨，贵为人主的望帝，死后化为杜鹃，嗓子出血仍叫个不停，诉求自己心中的疑惑。

（3）沧海月明珠有泪，蓝田日暖玉生烟。

明确：梦想和情思都破灭了，所得的只是眼泪和迷惘。异常美好的理想，能远观，不能把握，无法亲近；沧海中的珍珠，只有在月明之夜才能流下晶莹的泪；蓝田的玉，只能在日暖的时候才能升起飘逸的烟。

（4）此情可待成追忆，只是当时已惘然

明确：现在回想，旧情难忘，只是一切都恍如隔世了。回忆过去，尽管自己以一颗浸满血泪的真诚之心，付出巨大努力去追求美好的人生理想，可"五十弦"如玉的岁月，如珠的年华，值得珍惜之时却等闲而过，面对现实，恋人生离，爱妻死别，盛年已逝，抱负难展，功业未建……如泣如诉，悲剧式的诘问，又让诗人重新回到"人生的价值到底是什么？""到底该怎样实现？"的思考和迷惑之中。

四、三读诗文，体味朦胧美

这首诗的朦胧美历来被人称道，其朦胧美体现在何处？

明确：（1）意境朦胧。

从本诗的题目看，本诗第一句的前两个字亦是"锦瑟"，那么这首诗就属于无题诗。据史书记载："太帝使素女鼓五十弦，瑟悲，帝悲不止，故破其瑟为二十五弦。"锦瑟之音即凄婉之音。

"无题"，是诗人别有寄托而又不愿明说，就用"无题"名篇。此外，诗人仿照《诗经》，取诗的首二字作为标题，而标题又不能概括全诗的主旨，这类诗仍属于"无题"。

因此无题诗的意境朦胧。

（2）情朦胧。

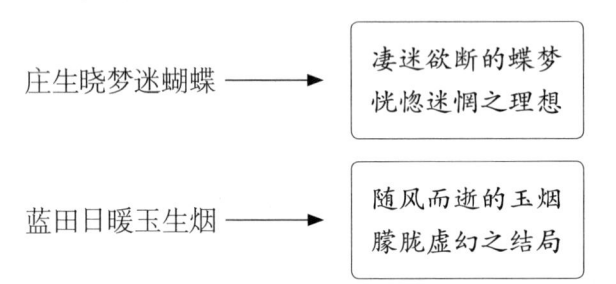

庄生晓梦迷蝴蝶 —→ 凄迷欲断的蝶梦 恍惚迷惘之理想

蓝田日暖玉生烟 —→ 随风而逝的玉烟 朦胧虚幻之结局

（3）知人论世。

作者幼年失怙，怀才不遇，妻子早逝，卷入党争，仕途灰暗。
悼亡说："何当共剪西窗烛，却话巴山夜雨时。"
恋情说："蓬山此去无多路，青鸟殷勤为探看。"
自伤身世说："虚负凌云万丈才，一生襟抱未曾开。"

五、教师总结

全篇笼罩着一层哀伤低回、凄迷朦胧的氛围，反映出一个衰颓时代中正直而又不免无力的知识分子的心理：既无力反抗环境，又不满于环境的压抑；既时感空虚幻灭，又有所追求想象；既为自己的命运而哀伤，又对造成悲剧的原因感到惘然。这首诗在艺术上极富个性，运用了用典、比兴、象征等表现手法，诗中蝴蝶、杜鹃是象征，珠玉属比兴，它们创造出朦胧迷离、幽婉哀怆的艺术意境。

六、作业

背诵这首诗。

七、板书设计（略）

马嵬（其二）

> **学习目标**
> 1. 分析、把握诗歌内容和艺术手法及作者的观点或思想感情。
> 2. 掌握鉴赏咏史怀古诗的一般技巧和方法。

一、创设情境，导入新课

唐诗人白居易在《长恨歌》中这样描述杨贵妃："回眸一笑百媚生，六宫粉黛无颜色。"又这样叙说唐玄宗和杨玉环的感情："在天愿作比翼鸟，在地愿为连理枝。天长地久有时尽，此恨绵绵无绝期。"今天我们学习李商隐的《马嵬》，看看李商隐是如何评价唐玄宗、杨玉环的爱情的。

二、初读诗歌，整体感知

弄清史实，了解诗歌内容。

马嵬之变：天宝十四载，安禄山借口讨伐杨国忠发动叛乱，是为安史之乱。天宝十五载，叛军攻破长安门户潼关，直逼长安，唐王朝统治集团惊惶失措。次年，唐玄宗逃至马嵬驿，随行处死杨国忠，并强迫杨玉环自尽。

三、再读诗歌，感知感情

初步感知内容感情。

明确：首联是玄宗之悲。颔、颈联是马嵬之变。尾联是义山之叹。

四、三读诗歌，合作探究

1. 首联用典用意何在？

明确：讽刺唐玄宗痴心妄想。（徒闻）

2. 颔联运用了什么表现手法？表达了作者怎样的观点？

明确：反衬。要发动兵变了，唐玄宗、杨玉环不可能再有安逸的宫廷生活了。

3. 颈联运用了什么表现手法？表达了怎样的意思？

明确：讽刺。两相映衬，体现出唐玄宗的虚伪自私。

4. 尾联运用了什么表现手法？作者的观点是什么？

明确：对比。批判的锋芒指向唐玄宗，他贵为天子多年，却无力保护心爱的女人，对比寻常百姓却能给莫愁幸福。

5. 先有"马嵬之变"，而后才有"玄宗之悲"，最后才有"义山之叹"，但诗歌在某篇布局上却不是这样的，说说《马嵬》诗叙事结构上的特点。

明确：倒叙。从整体上看，倒叙使尺幅之间一波三折；从局部看，倒叙突出因果。

6. 归纳鉴赏咏史怀古诗的一般方法。

（1）弄清史实，了解诗歌内容。

（2）感知内容，体会作者感情。

（3）总结技巧，体悟作者意图。

五、教师总结

为什么唐玄宗做了四十多年的天子，还不如寻常百姓能保住自己的妻子呢？西方著名作家萨特说过"他人就是地狱"。这句话的意思是，如果你不能正确处理自己和他人的关系，那么他人就是你的地狱。唐玄宗是一位君主，他有他特殊的社会地位，他的社会地位要求他必须处理好自己与百姓、自己和妃子之间的关系。但是他既没有处理好政治上的关系，又错误地理解了他与爱人之间应有的关系。正是这一点导致了他的悲剧。

六、作业

背诵并默写这首诗。

七、板书设计

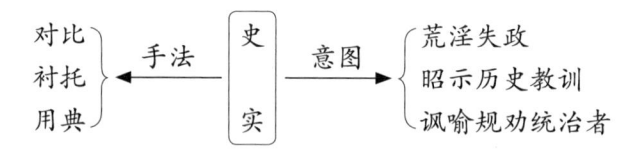

马嵬（其二）
李商隐

对比　衬托　用典　←手法—　史实　—意图→　荒淫失政　昭示历史教训　讽喻规劝统治者

寡人之于国也

> **学习目标**
> 1. 分析比喻说理的方法。
> 2. 体会孟子的仁政思想在当时的时代意义。

一、创设情境,导入新课

在"亚圣"孟子生活的那个"家天下"的时代,天下一切,包括黎民百姓,都是国王的。要使高高在上的君王关注百姓,与民同乐,那绝不是轻而易举之事。战国时期,就有这样一个"知其不可而为之"的人,他就是孟轲。他想说服梁惠王实行仁政。他是怎样游说的?他成功了吗?

二、自读文本,整体感知

1. 读完文章,你认为梁惠王是一个什么样的国君?

明确: 自我评价:寡人之于国也,尽心焉耳矣。

孟子印象:王好战。

你的观点:"狗彘食人食而不知检,涂有饿莩而不知发。"梁惠王穷兵黩武,不恤民情,造成人民流离失所……不是一个好的国君。

2. 孟子是怎样解答梁惠王的困惑的？

明确：（1）用熟悉的事例设喻。（2）正面阐述"仁政"的具体内容。

3. 孟子比喻的特点是什么？"五十步笑百步"的喻义何在？

明确：孟子不直接回答"民不加多"的问题，而是以梁惠王"好战"为喻，启迪对方思考。梁惠王自认为对国家比邻国国君尽心，政策比邻国好，邻国之民，应该主动投奔归顺于他，但他的目的并没有达到，邻国的国民并没有减少，自己的国民也没有增多。这是因为他的目的在于增加兵员，强化战备，老百姓看穿了他的小恩小惠、好大喜功、穷兵黩武的本质。

"五十步笑百步"巧妙地指出，梁惠王所谓"尽心"于国，其实与邻国之政相差无几，本质上都是虐民。要从根本上使国民增加，必须施仁政，行王道。

三、研读文段，质疑探究

1. 孟子的"仁政"思想，可以作哪些合理的引申？

明确：孟子的"仁政"思想，今天可作如下一些合理引申：（不求统一，意思合理即可）

（1）人不能肆意役使自然，而是要尊重自然，通过与自然的交往互动，使人与自然协调发展，实现双赢。

（2）仁义是最大的利益，有仁有义，相关者都会获益；无仁无义，所有人都不会有利益。

（3）发展经济，振兴教育，加强教化，使物质文明和精神文明双丰收，并形成社会、国家和民族的凝聚力。

（4）实现天下安宁太平，是人心所向的条件之一。

（5）民富才能国强，而民富的前提是休养生息，这样才能创造更多的物质财富。

2. 孟子以救民于水火的姿态奔走呼号，他的理想能够实现吗？请谈谈你的看法。

明确：在"天下各方务于合纵连横，以攻伐为贤"的战国时代，孟子的这些主张与当时激烈混战的社会状况不符，所以均未被统治者所采纳。孟子退而与弟子著书，遂成《孟子》。

四、联系实际，拓展延伸

孟子作为儒家学派的大师，他的思想影响了中国两千多年。今天，我们咀嚼着先贤遗留下来的精华与铿锵有力的论辩，联系当前实际想一想，孟子的思想对于当今社会有什么启示？

明确：（1）孟子的三个"不胜食"表明他注意到了可持续发展问题；在重视环保的今天，我们开发利用自然资源时，不能滥砍滥伐，滥捕滥杀，更不能竭泽而渔。

（2）在解决百姓的温饱问题后，孟子提出"谨庠序之教，申之以孝悌之义"，加强文教德化，提高人民的精神修养。这与今天的立德树人教育相似。

（3）统治者要"无罪岁"，严于律己，不推卸责任。

教师小结：千年前的孟子以他无限的温情襟怀让我们看到了一幅完美的治国蓝图。这和我们现在所提倡的"复兴强国"的中国梦，有很多相似之处！那就是：富强、民主、文明、和谐、自由、平等、公正、法治、爱国、敬业、诚信、友善。让我们怀一颗"仁爱"之心，走近一点，再近一点，去感受它的深邃与力量吧。让我们全班齐诵《寡人之于国也》。

五、教师总结

孟子一生经文纬武，胸藏韬略，不在其位而谋"仁政"，展露出以天下为己任的博人胸怀，可是在急功近利的战国时代，"仁义"治国的主张根本没有实现的社会基础。但孟子作为一个聪明机智、狂放不羁、豪爽直率、爱民重民、肩担天下、无私无畏的政治家、辩论家的形象却永驻我们的心中！

六、作业

背诵相关的段落。

七、板书设计

寡人之于国也
孟 子

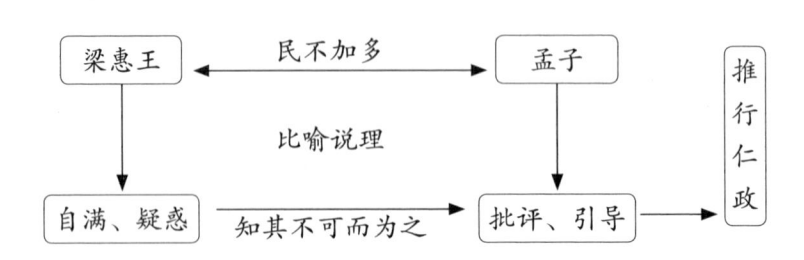

```
                   民不加多
   ┌─────┐ ←─────────────→ ┌─────┐      ┌───┐
   │梁惠王│                  │ 孟子│      │推 │
   └──┬──┘    比喻说理       └──┬──┘      │行 │
      │                          │          │仁 │
      ↓      知其不可而为之      ↓          │政 │
 ┌────────┐ ─────────────→ ┌────────┐ →  └───┘
 │自满、疑惑│                 │批评、引导│
 └────────┘                  └────────┘
```

劝　学

> **学习目标**
> 1. 在理清思路的基础上背诵文章。
> 2. 学习本文的论证方法。

一、创设情境，导入新课

两千多年前，在一个清凉的夜晚，一位圣人在郊外踱步。此时此刻，他的内心充满了惆怅："人性本恶"，我们的青年该怎么办？怎么办？只见他时而仰望浩瀚的夜空，时而平视前方的旷野，晚风拂起了他的长衫。忽然，他紧锁的眉头骤然舒展开来，他疾步奔进书房，灯光下，挥笔疾书写下了《劝学》名篇，这一幕定格为历史。

大家知道这位圣人是谁吗？对，他就是荀子。今天我们就一起来学习荀子的《劝学》，看看荀子在这篇文章中告诉我们一些什么道理。

二、自读文本，理清思路

1. 请同学看课下注解①，从中我们得到什么信息？

明确："劝"在此处应是"劝勉"的意思，与现代汉语"劝说""劝阻"语义不同。"劝"是手段,"学"是目的。本文主旨:勉励人们学习。

2. 请注意结合课下注释理解文意,标画文中表达作者观点的语句。

明确:中心论点:学不可以已。

3. 理清论证思路。

中心论点:学不可以已。

分论点 $\begin{cases} 学习的意义(君子博学而日参省乎己,则知明而行无过矣)\\ 学习的作用(君子生非异也,善假于物也)\\ 学习的方法、态度(积善成德,圣心备焉。锲而不舍,用心一也)\end{cases}$

三、再读文本,合作探究

1. 请大家自读第1、2段。

这篇文章是议论文,第一段提出中心论点:学不可以已。第二段进一步论述,提出了第一个分论点:学习的意义。为了论证观点,作者列举了哪些事物?

明确:学习的意义 $\begin{cases} 青\rightarrow 蓝\\ 冰\rightarrow 水\\ 木、金\\ 君子博学、参省\end{cases}$

小结:这几个事物都是正面的事例,它们共同论证了学习是成为君子的必要条件。本来是空泛的道理,作者以五个身边常见的事物为喻,生动形象地把道理讲得既透彻又深刻,这种论证方法叫作比喻论证。这也是《劝学》这篇文章最显著的特点。

请同学们依据板书提示背诵。

2. 研读第3段,这一段论述的是学习的作用,作者又用了哪些事物来做比呢?

明确:

学习的作用 $\begin{cases} 望不如登高——反\\ 登高而招、顺风而呼——正\\ 舆马、舟楫——正\end{cases}$ 假于物

小结：这几个事例正反结合，论证了要成为君子，要善于借助外物，而这个外物，是学习。紧扣题目和中心论点，笔力老到，论证谨严。

3. 研读第4段，本段的分论点是学习的态度和方法，为了论证这一分论点，作者又用了哪些事例呢？从哪些方面论证了论点？

明确：

$$\begin{cases} 积土、积水、积善——积 \\ 跬步、小流——不积 \end{cases}$$

这组事例先正后反，论述了学习要注意积累。

$$\begin{cases} 骐骥——舍；驽马——不舍 \\ 朽木——舍；金石——不舍 \end{cases}$$

这组事例先反后正，论述了学习要持之以恒。

$$\begin{cases} 蚓——一 \\ 蟹——躁 \end{cases}$$

这两个事例先正后反，论述了学习要专一。

三个段落的比喻论证都是正反对比结合，而且模式不一，灵活多变。

四、归纳总结，学以致用

1. 这篇文章的比喻虽多，却毫无板滞生硬之感，原因是什么？

明确：并列设喻，反复论证。对比设喻，对照鲜明。层层深入，详尽严谨。整散结合，文气流畅。

2. 请同学们拿出纸来，每人写一个比喻句，阐述知识的重要性，比喻要恰当。

示例：（1）知识如血液一样宝贵。人缺少了血液，身体就会衰弱；人缺少了知识，思想就会枯竭。

（2）空虚的头脑若以知识来充实，犹如雨水浇灌着干旱的土地，使它能恢复生气。

（3）知识是生活的明灯，没有知识的生活，犹如在黑暗中远征。

五、教师总结

高中语文学习中,文言文是很重要的一部分内容,学好文言文的关键在于积累,积累的关键在于背诵。我们只有背诵了一定数量的优秀文言文,才能厚积薄发,学以致用。比如这篇《劝学》,既有论辩色彩,又具有文学韵味,形象清新、脍炙人口,读背这类文章,我们收获的不仅仅是文言知识,还有写作方法的借鉴,更重要的是思想的启迪、精神的鼓舞。

六、作业

背诵课文。

七、板书设计

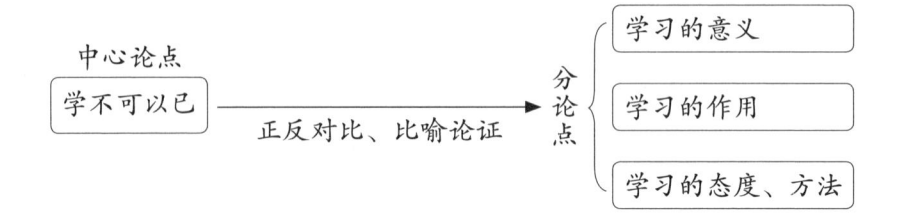

劝　学

荀　子

```
                                      ┌─ 学习的意义
中心论点                          分论 │
┌────────┐                        ─── ├─ 学习的作用
│学不可以已│ ──正反对比、比喻论证──→ 点  │
└────────┘                            └─ 学习的态度、方法
```

过秦论

学习目标

理解秦之过及借鉴意义，掌握对比论证方法。

一、创设情境，导入新课

同学们，上节课我们对文章的字词、文言知识进行了梳理归纳，这节课我们通过文本阅读，理解秦之过及借鉴意义，掌握对比论证的方法。

二、自读课文，整体把握

1."过秦论"：过，指出……过失；论，表明议论文体。题目的意思就是指出秦的过失，同学们请自读文本，作者在哪些段落指出了秦的过失？

明确：第5段。

2.本史论的中心论点是什么？

明确：仁义不施攻守之势异也。

三、深剖细析，研读文本

1. 请读第 5 段，解决以下三个问题：

（1）将段中涉及的秦国、秦朝、九国（山东之国）、陈涉四种力量用数学符号"<"连结起来。

（2）按例句："'秦人开关延敌……而天下诸侯已困矣'，这是秦国的实力与九国之师相比。"从本段中找出包含（1）中其余三项的对比的句子。

（3）说明作者是如何在对比分析中归纳出结论的。

明确：（1）四种力量的对比可以表示为：陈涉＜九国＜秦国＜秦朝。

（2）"山东之国与陈涉度长絜大……不可同年而语矣。"这是山东九国之师与陈涉相比；"秦以区区之地……而朝同列。"这是秦国与统一天下的秦朝相比；"然后以六合为家……何也？"这是最强大的秦朝与最弱小的陈涉相比。

（3）从对比中可以看到，最弱小的陈涉起义时，面对的是最强大的秦朝。一个"何也"，水到渠成，把焦点逼示出来："仁义不施而攻守之势异也。"

点拨：作者议论秦的过失，首先肯定地理条件没有变，接着采用多项对比的论证方法，层层推进。最详细的是陈涉与九国的对比，从各个角度对比，极言陈涉弱小；其次是秦国与统一天下的秦朝相比，强调秦朝的强大。九国与秦的对比包含在上面第二个对比中，不够明显，但例句从课文第 2 段找来明显的句子，已经明确。不能忘记陈涉与秦朝的对比。对比得出的结论是自然而然的，既告诉我们秦亡的原因，也点明了课题"秦之过"。当然，"秦之过"主要是"仁义不施"而非"攻守之势异也"。充分利用课文注释理解词句，注意连用"也"字的语气及其强调作用。

板书：

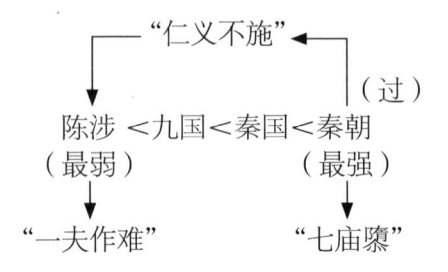

```
         ┌──"仁义不施"──┐
         ↓              │（过）
    陈涉＜九国＜秦国＜秦朝
    （最弱）          （最强）
      ↓                  ↓
   "一夫作难"          "七庙隳"
```

2. "攻守之势异也",是对文章第1～4段秦兴亡史实的概括和议论。

(1) 先从第5段中分别找出一句话概括"攻"与"守"的史实。

(2) 自读第1～4段,说说哪些段写"攻势",哪些段写"守势",并从各段中找一句原句表明"兴"或"亡"的史实。

明确: (1) "秦以区区之地……而朝同列"议论的是"攻势";"以六合为家,崤函为宫"议论的是"守势"。

(2) 第1～2段及第3段第一层"及至始皇……威震四海"写"攻势",第3段第二层写"守势"。

(3) "兴":"秦人拱手而取西河之外""强国请服,弱国入朝""鞭笞天下,威震四海"。

"亡":"山东豪俊遂并起而亡秦族矣。"

"攻"是以雍州之地为本,采取一系列措施;"守"是以整个天下为本,采取了更为严密的措施:秦从诸侯变成了天子,守的力量比攻的力量更强大,结果却走向反面,更令人深思。

点拨: "攻"指依靠权谋武力,扩张土地,夺取天下,吞并六国;"守"指采取种种措施巩固政权,保住秦王朝。第3段第一层的七字排偶句,写的正是秦始皇攻取天下、统一六国的巅峰。"兴"指秦国强大起来,不能用表达措施的句子来表明,而要选择能够表现一个阶段强大的句子。

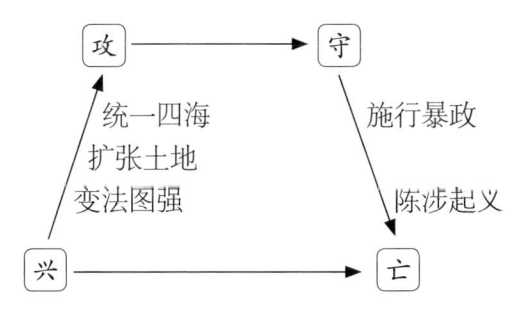

```
        攻 ─────────→ 守
        ↑              │
   统一四海         施行暴政
   扩张土地            │
   变法图强         陈涉起义
        │              ↓
        兴 ─────────→ 亡
```

3. 秦的过失主要是"仁义不施",请从课文中挑出秦"仁义不施"的语句并加以解释,说说秦的过失告诉我们什么道理。

明确: (1) 秦有余力而制其弊,追亡逐北,伏尸百万,流血漂橹;因利乘便,宰割天下，分裂山河。

（2）执敲扑而鞭笞天下。

（3）百越之君俯首系颈，委命下吏。

（4）士不敢弯弓而报怨。

（5）废先王之道，焚百家之言，以愚黔首；隳名城，杀豪杰。

（6）信臣精卒陈利兵而谁何。

秦在夺取天下的过程中，依靠武力，致使六国惨败，"伏尸百万，流血漂橹"，已经蕴藏了导致失败的尖锐矛盾。秦统一天下，攻守之势转化以后，不但不施仁义，反而变本加厉，用严酷的刑罚奴役百姓，迅速导致大规模起义，致使帝王之业土崩瓦解。这一史实充分显示出民心向背对治国的重要性。贾谊采用铺陈渲染的手法言秦之过，是借秦作鉴，猛敲警钟，劝谏西汉统治者施仁政。

点拨："仁义不施"，换种说法是"施行暴政"，这在秦攻取天下过程中也必然有所表现，在固守天下时表现得尤为厉害。主要体现在治国措施中。

板书：

"仁义不施" { (1) 秦有余力……分裂山河 / (2) 执敲扑而鞭笞天下 / (3) …… / (4) …… / (5) …… / (6) 信臣精卒陈利兵而谁何 } 以此为鉴，可以治国

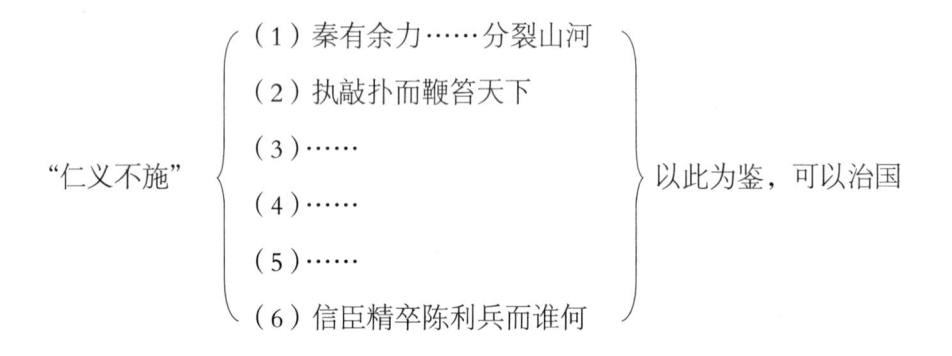

四、归纳总结、提升运用

1. 本文是一篇议论文，为什么却以大部分篇幅来叙事呢？

明确：本文以大部分篇幅铺陈宣扬秦的兴盛史，再以秦的速亡史与之比较照应，运用了先扬后抑、扬中有抑的手法，处处予以衬托、对比，得出"仁义不施而攻守之势异也"的结论，说明秦朝灭亡的重要原因是不施仁政施暴政，

劝诫后来的统治者只有施仁义，行仁政，才能长治久安。同时，这也体现了贾谊辞赋家的政论特色，用夸张的手法叙事状物，达到文势滔滔、波澜层叠的艺术效果。

2. 秦的过失给我们的启示。

明确：人心向背对治国的重要性。

五、教师总结

通过本篇的学习我们知道了"仁义不施而攻守之势异也"是秦王朝迅速灭亡的原因。作者运用多处对比论述这一论点，同时，总结秦王朝覆灭的历史教训，意在借古说今，即从反面说明"牧民之道，务在安之而已"，而"安之"之策莫大于施行仁义，目的是劝汉文帝对人民实行宽松的政策。把握住作者的这个意图，对本文的内容、结构和写法就可洞若观火。

六、作业

背诵相关的文段。

七、板书设计（略）

师　说

> **学习目标**
> 梳理本文的论证过程，体会论辩之美。

一、创设情境，导入新课

中国自古以来最为尊奉的是"天地君亲师"，人们把"师"与"天地君亲"并重，足可以看出我国自古以来尊师重道的优良传统，孔子曰："三人行，必有我师焉。"还有人说："一日为师，终身为父。"然而在唐朝中期，社会上却弥漫着"耻学于师"的风气。柳宗元在他的《答韦中立论师道书》中就谈到过人们耻学于师的现象："今之世不闻有师，有，辄哗笑之，以为狂人。"然而面对这样的社会现实，就有一个狂人奋不顾流俗，犯笑侮，收召后学，作《师说》，因抗颜而为师，这个狂人就是韩愈。今天，我们就来学习韩愈的这篇"战斗檄文"——《师说》。

二、初读课文，整体感知

1.这篇文章为谁而作？何以见得？文中有没有信息？

明确："李氏子蟠年十七，好古文，六艺经传皆通习之，不拘于时，学于余。

余嘉其能行古道，作《师说》以贻之。"从课文的最后一段可以得出答案，韩愈的这篇《师说》是写给一个叫李蟠的十七岁小伙子的。

2. 一代文学宗师为什么要为一个名不见经传的小伙子写下这一篇流芳千古的名篇佳作——《师说》？

明确：可以总结为三个原因：

（1）李蟠"好古文，六艺经传皆通习之"。

（2）他"不拘于时，学于余"。

（3）"能行古道。"

三、研读课文，合作探究

1. 研读课文第1段，用原文回答下列问题：

（1）哪句可以看作是本文的中心论点？

明确：学者必有师。

（2）为什么要从师？选择老师的标准是什么？

明确：①师者，所以传道受业解惑也。

②人非生而知之者。

作者认为从师的标准是：无贵无贱，无长无少，道之所存，师之所存也。

小结：第1段提出中心论点，从从师的必要性和从师的标准两个角度来论述中心论点。

2. 研读第2段，思考：

（1）本段对"古之圣人从师"与"今之众人耻师"相对比后得出了怎样的结论？

明确：圣益圣，愚益愚。圣人之所以为圣，愚人之所以为愚，其皆出于此乎？

（2）本段中古今之人在从师上存在自相矛盾的事实，这是怎样的一个事实？请描述。

明确：

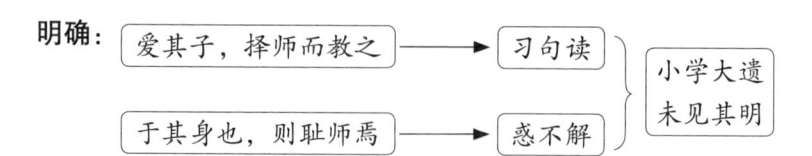

爱其子，择师而教之 ⟶ 习句读 ⎫
　　　　　　　　　　　　　　　⎬ 小学大遗 未见其明
于其身也，则耻师焉 ⟶ 惑不解 ⎭

小结： 在对比中论证"学者必有师"的重要性。

（3）本段中的"巫医乐师百工之人"与"士大夫之族"在从师问题上分别是怎样做的？这样的做法带来怎样的结局？

明确：

巫医乐师百工之人：不耻相师 ⎫
　　　　　　　　　　　　　　⎬ 结局：巫医乐师百工之人，君子不齿，今其智乃反不能及
士大夫之族：群聚而笑之，曰：位卑则足羞，官盛则近谀 ⎭

小结： 再一次通过对比论证"学者必有师"的重要性，批判当时士大夫耻于从师的风气。

论证方法： 对比论证 ⎰ 古之圣人——今之众人
　　　　　　　　　　　⎨ 择师教子——自身耻师
　　　　　　　　　　　⎱ 巫医乐师百工之人——士大夫之族

3.研读第3段，思考列举备受封建文人推崇的孔子的例子，意在证明怎样的观点。

明确： 孔子事例：

①孔子师郯子、苌弘、师襄、老聃。

②孔子曰："三人行，必有我师焉。"

证明观点： ①学者必有师。

②道之所存，师之所存也。

③弟子不必不如师，师不必贤于弟子，闻道有先后，术业有专攻。

总结： 论证方法：举例论证。

分论点： 圣人无常师。

4.研读第4段，思考：

（1）第4段交代写作缘由，但仍隐含着作者的观点，哪些句子可以表现作

者观点？

明确：不拘于时，能行古道。

小结：说明写作原因。

分论点：不拘于时，行古道。

（2）作者为什么称赞李蟠？

明确：作者赞扬李蟠，既是对他不从流俗的肯定，也是对士大夫们不从师的有力批判；既针砭时弊又通过赞扬李蟠倡导从师。

四、合作互动，提升思维

虽然说这篇文章是写给那个叫李蟠的学生的，可是研读完文章我们还会只是这样看吗？他还是写给谁看的呢？

明确：可以说，韩愈的文章还送给以下两种人。

1. 当时那些不愿学习的士大夫阶层。提醒他们丢掉这种坏习惯，否则后果会很严重。再读文章最后一段，我想我们就不难理解韩愈写这篇文章的感情了，那种社会风气造成的忧心如焚是远远超过李蟠个人勤学好问带给自己的喜悦的。（再读课文最后一段）

2. 一千两百多年过去了，今天我们身边还有很多人在重复着同样的错误，社会上不尊重教师的现象比比皆是：家长袒护孩子，辱骂老师；学生课堂和老师顶嘴，甚至围攻老师；学生在路上碰见老师却形同陌路。从这个意义上说这篇文章何尝不是写给今天的我们的呢？正是这种穿越时空的恒久价值，使这篇文章历久弥新，成为经典。同学们，让尊师重道的美德在我们身上发出耀眼的光芒吧。

五、教师总结

全文通过对从师问题的讨论，表达了作者对古人从师之道的赞扬，对"耻学于师"的社会风气的强烈批判。我们深切体会到作者那因"师道不传"而痛心疾首的情感，同时也为这位伟大文豪非凡的斗争勇气和正直的品行所倾倒。

让我们再次朗读课文，表达对作者的钦佩吧。

六、作业

背诵全文。

七、板书设计（略）

动物游戏之谜

> **学习目标**
> 1. 筛选、提取文本重要信息。
> 2. 领悟文中蕴含的人文内涵,形成健康的情感、态度与价值观。

一、创设情境,导入新课

同学们,你们做过游戏吗?做过哪些游戏?游戏伴随着我们成长,游戏让我们的体魄得到了锻炼,让我们学会如何与他人相处。今天我们要探讨的是动物游戏,一起走进动物王国,去探寻动物游戏的奥秘。

二、整体阅读,自主探究

请同学们快速浏览文章,看看文章写了哪些主要内容,围绕下列问题理清文章结构。

1. 文章开头列举了哪些动物游戏的事例?

明确:热带丛林里的叶猴跳荡嬉闹、北极渡鸦滑雪而下、美洲露脊鲸借风驶"船"。

2. 科学家认为,动物游戏有几种类型?

明确：动物游戏的类型：单独游戏、战斗游戏、操纵事物的游戏。

3. 科学家对动物游戏的研究取得了哪些成果？

明确：四种假说：演习、自娱、学习、锻炼。

4. 文章最后对动物游戏之谜是什么下结论了吗？

明确：没有。文章认为要解开动物游戏所有的秘密，还需要更深入的研究。

5. 本文的结构。

明确：文章先写了动物的各种游戏行为，然后再写各种假说，最后再总结。总—分—总的结构。

三、品读文章，深入感知

1. 文章的题目就是《动物游戏之谜》，主要内容就应该是解说"谜"在哪里。所以，文章列举了各种假说。那就请同学们以小组为单位找出关键句，筛选出假说的根据和结论。

明确：第一小组：演习说。

根据：黑猩猩掌中戏水的游戏。

结论：游戏是生活的演习。

第二小组：自娱说。

根据：河马玩浮叶、渡鸦滑雪梯。

结论：通过自得其乐的游戏，使动物的紧张生活得到调剂和补偿，使其心理上保持平衡，得到一定的自我安抚和自我保护。

第三小组：学习说。

根据：黑猩猩玩棍子，动物捉迷藏和追逐游戏。

结论：游戏是一种十分重要的学习行为。

第四小组：锻炼说。

根据：羱羊奔跑跳跃，北极熊夏季进行的游戏。

结论：动物通过游戏来锻炼自己的身体和生存能力。

2. 你同意或不同意哪种假说呢？为什么？你有自己的观点吗？

明确：（1）我同意自娱说，因为游戏本来就是娱乐的一种方式，动物也应该有一种自己的娱乐方式来放松自己。

（2）动物的思维方式较简单，它们游戏就像吃东西一样纯属一种本能，所以我提出本能说。

（3）认为应该是"锻炼说"和"学习说"的结合，因为自然界的生存法则就是"适者生存，优胜劣汰"，所以动物们为了生存当然要锻炼自己的技能，提高自己的本领。

3. 学生们各持己见，很难有统一的结论，所以文章说动物游戏真是一个谜，既然是研究动物游戏之谜，为什么仍然说是一个谜呢？课文为什么没有确定的结论？

明确：（1）动物的游戏行为是很复杂的，不同的动物可能有不同的原因，同时人类对动物的研究还不够，所以仍是一个谜。

（2）科学就应该注重实事求是，假说永远是假说，不能贸然下结论。

（3）就应该提出各种各样的看法，来引起争鸣，真理总是越辩越明。

小结：同学们的看法都很独到，科学要实事求是，同时注重争鸣，希望同学们也参与到争鸣中来，提出自己的看法。

4. 作者说"动物在游戏行为中"，表现出超出估计的"智能潜力、自我克制能力、创造性、想象力、狡猾、计谋、丰富多彩的通信方式"，你能从课文中找出相应的例证吗？

明确：智能潜力：动物们的游戏，"与人类儿童的游戏行为有着相似特征"，这说明动物在游戏中蕴含着智慧，具体如给黑猩猩棍子，它会用棍子做各种游戏，等等。

自我克制能力：战斗游戏，"看似激烈，其实极有分寸，它们配合默契，绝不会引起伤害"，"动物严格地自我控制，使游戏不会发展成真的战斗"。

创造性和想象力：北极熊玩棍子或石头；野象"踢"草球等。

狡猾、计谋：叶猴在树上互相推搡，攻守嬉闹。

丰富多彩的通信方式：动物群体的游戏活动，必定有各种形式的交流方式，才能保证游戏的组织、进行。如北极渡鸦排队滑雪，没有沟通是不可能井然有序的。

动物游戏中必然包含以上所说的各种能力，是综合性的能力，并不是说一种游戏只包含一种能力。

四、挖掘内涵，引发思考

任何作品总会向读者传达某种信息，在这篇文章中，作者向我们介绍了动物世界存在的令人无法理解的游戏行为。游戏历来被当作人类的专利，但科学却证明了被人们视为低等的动物也有游戏，这不能不引起人们的兴趣，引起人们的深思。人类应该与动物和谐相处，而不应该是杀戮。请同学们拟写"保护动物"的公益广告词。

要求：1. 印象深刻。2. 新颖别致。3. 简洁明了。

示例：保护动物就是保护我们的家园。动物和人类共有一个家。为子孙后代留下蓝天碧水绿地。保护动物，人人有责。动物也有灵魂。

五、教师总结

学习了这篇文章之后，我们应该重新审视动物，审视自己，更重要的是让我们真正懂得，地球不是人类独有的，动物一样是地球的主人。

"让我们和动物和谐相处，共同迈向美好的明天。"

六、作业

完成课后"研讨与练习三"。

七、板书设计（略）

宇宙的边疆

> **学习目标**
> 1. 了解解说词的特点及有关宇宙的基础知识。
> 2. 引导学生借助文中精辟的议论和热烈的情感抒发，了解作者对宇宙和人类的思考，并引发自己的思考。

一、创设情境，导入新课

夏日的夜空，繁星闪烁，骤然间流星绚烂登场，继而倏尔远逝，淹没在茫茫的宇宙之中。宇宙浩渺且神秘莫测，自古至今一直吸引着人类不停地探索它的奥秘。今天，让我们欣赏美国科学家、科普作家卡尔·萨根的探索成果《宇宙的边疆》。

二、自读文本，整体感知

思考：

1. 速读课文，找出各段说明的对象或说明的要点。

明确：宇宙，星系，恒星，太阳系，地球。

2. 作者是按照什么顺序做介绍的？并归纳一下每个部分的主要内容。

明确：从说明顺序上看，作者是按照空间顺序，由大尺度空间向小尺度空间推进介绍的。

第一部分（第1—3段）：人类探索宇宙的原因和方法。

第二部分（第4—16段）：探索宇宙的奥秘。

第三部分（第17—18段）：人类从地球开始探索宇宙的奥秘。

三、再读文本，鉴赏语言

预设：

1."从宏观来看，人类所关心的大多数问题都可以说是无关紧要的，甚至是微不足道的。"

明确：人类对宇宙来说，是渺小的甚至是微不足道的。

2."这些探索活动提醒我们：好奇是人类的天性，理解是一种乐趣，知识是生存的先决条件。"

明确：人类对宇宙的探索是本能，是人类拥有智慧而必须承担的责任，也是人类拥有未来的希望。

3."我们这个世界人才济济，人们勤学好问。我们的时代以知识为荣，我们是很幸运的。人类是宇宙的产物，现在暂时居住在叫作'地球'的星球上。"

明确：人类是渺小的，但人类也是伟大的。人类以知识、智慧和勇气证明了自己存在的价值。

4."我们探索宇宙的时候，既要勇于怀疑，又要富于想象。想象经常能够把我们带领到崭新的境界，没有想象，我们就到处碰壁。怀疑可以使我们摆脱幻想，还可以检验我们的推测。"

明确：人类探索宇宙所需要的勇气和素质。

四、研读文本，思考感悟

1.课文中大段的议论和抒情，是否干扰了对宇宙的说明？有何作用？

明确：（1）作为电视片的解说词，不仅要让观众了解宇宙的客观构成和相关知识，还要表达人类对宇宙的主观认识和人类探索宇宙的意义，这样才能感染观众，激发他们对宇宙的兴趣。议论和抒情不仅不干扰介绍，反而使介绍更具科学意蕴和人文内涵。作者将强烈的议论和说理融为一体，正是本文的一大特色。

（2）作者的议论和抒情很多，但没有冲淡说明的文字，而是和说明自然契合，传达了作者对宇宙和人类的认识，不但能感染读者，还能启发读者思考。读者也最讨厌干巴巴地罗列数据的解说词，解说就是为了让观众明白，更感兴趣，所以好的解说词是形象生动的。

....

2. 当前，人类处在地震频发、气候变暖、沙尘暴盛行、不可再生资源面临枯竭的境地，在这样的历史条件下，人类探索宇宙有何积极意义？

明确：有助于人类走出去，发现新的星球，迁移人类。有利于人类引进来，开发利用新能源，为我所用。探索是人类的天性，飞行是人类的爱好，任何有关宇宙和探索的话题都能引起整个社会的巨大兴趣，宇宙探索的兴趣有助于增强社会的凝聚力，有助于激励社会的进取精神，增强民族的自信心和凝聚力。

3. 课文标题为《宇宙的边疆》，请问宇宙空间有没有边疆，有没有中心？

明确：有：是暂时的。没有：是扩张的。

人们每探索一步，边疆就扩大一步，随着人类认识发展而不断扩张。

五、教师总结

同学们学完本课，你们有哪些感触与思考呢？

预设：宇宙无涯，探索亦无涯。宇宙无涯，地球很渺小。宇宙无涯，人类很幸运。

六、作业

完成课后"研讨与练习三"。

七、板书设计

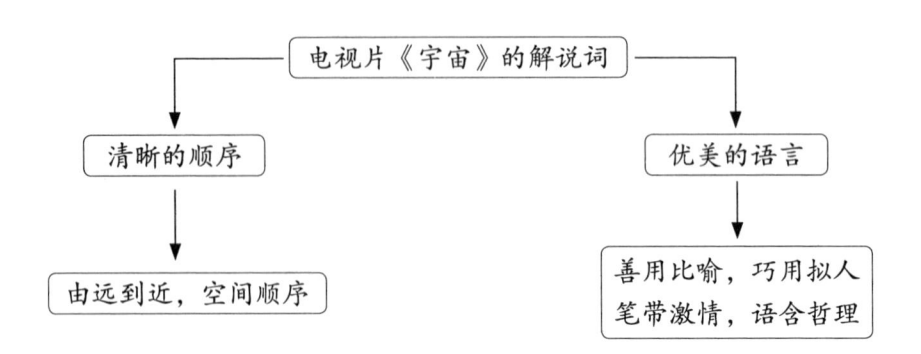

宇宙的边疆
卡尔·萨根

```
                电视片《宇宙》的解说词
                 ↙              ↘
           清晰的顺序          优美的语言
              ↓                   ↓
      由远到近，空间顺序     善用比喻，巧用拟人
                            笔带激情，语含哲理
```

一名物理学家的教育历程

学习目标

引导学生以"教育历程"为重点,探讨其中表现的思想内涵。

一、创设情境,导入新课

成为一位科学家是无数有志青年的梦想,对物理的探究更是许多青年学子孜孜以求的,我们来看一下加来道雄的成长道路,或许能得到一些启发。(明确目标)

二、自读文本,整体感知

1."一名物理学家的教育历程"的核心词是什么?请就该核心词推断文章的写作顺序是怎样的,猜想文章应该写哪些内容。

明确:核心词是"历程"。"历程"即经历的过程,应该是按时间顺序行文的。

提示:这里的教育不是受教育或者教育别人,而是自主教育,自主发展。

2.文中叙述了作者童年时的哪些历程?每一件趣事分别是如何引领作者走上成为物理学家的历程的?

明确:文章讲述了"童年的两件趣事极大地丰富了我对世界的理解力,并且引导我走上成为一个理论物理学家的历程"。

这两件事分别是：（1）童年观看鲤鱼世界而换位想到鲤鱼是如何思考理解未知世界的；（2）童年听过有关爱因斯坦的故事以及之后为此所做的事。

3. 了解作者的成长历程，理清文章思路。

明确：

（1）童年时期　　　　（2）青年时期　　　　（3）成年时期

　　鲤鱼世界的幻想　　　　建立实验室　　　　成为理论物理学家

　　爱因斯坦的故事

三、研读课文，合作探究

1. 童年对鲤鱼世界的遐想对作者起了怎样的教育作用？培养了作者什么样的科学素质与精神？

明确：细心观察、喜好猜想、存疑质疑、实事求是、勇于探索。【板书】

培养了善于观察、喜好猜想与思考、常常充满好奇心、恒久发挥并保持丰富想象力的科学素质和善于存疑质疑、实事求是、勇于探索的精神。

2. 这些精神在文段的具体体现。

明确：第2段"我蹲在那里的一个小池边，为慢慢畅游在水底睡莲之中五彩斑斓的鲤鱼所陶醉。这是我最快乐的童年记忆之一"——热爱观察，乐于观察。

第3段"在那静静的时刻，我充满了无限的遐想"——喜欢遐想。

"我常常给自己提出一些只有小孩儿才问的傻乎乎的问题"——经常质疑。

第5段"我曾想：在水底的鱼群中可能有一些鲤鱼'科学家'。我想，这些鲤鱼'科学家'会对那些提出在睡莲之外还存在有另外一个平行世界的鱼冷嘲热讽"——喜爱猜想。

第6段"我注意到成千上万的小雨滴袭击在池水的表面。……我想弄清楚周围发生的一切将会以怎样的形式呈现在鲤鱼们的眼中"——细心观察，充满好奇。

第10段"我常想，我们就像自鸣得意地在池中游动的鲤鱼"——永不停息地思考。"就像鲤鱼一样，我们认为宇宙之中只包含有熟悉可见的东西。我们自以为是地拒绝承认就在我们的宇宙跟前存在有别的平行宇宙或多维空间"——坚持实事求是的精神。

3. 对爱因斯坦未竟的事业的向往又对作者成为一名理论物理学家起到了什么作用？培养了作者什么样的科学素质与精神？

明确：兴趣引领，主动学习，动手实验。【板书】

培养了作者不畏艰辛去探索科学真知的恒心与毅力——这正是科学工作者所应具备的素质与精神。

四、归纳总结，提升认识

1. 作者童年的两件事给了我们怎样的认识？

明确：从这两件事中，我们认识到了作者的教育历程和我们认识中的教育历程是不同的，作者的教育历程是主动的自我教育，这样的教育让作者成为一名著名的理论物理学家，这样的教育能让我们走得更高更远。

2. 一名理论物理学家的成长历程，给了你哪些启示？请同学们谈谈。

明确：引导学生思考文章题目为什么是"教育历程"而不是"成长历程"，让学生考虑人的"自我教育"的重要性，让学生关注自我兴趣的培养，启迪他们执着的追求精神，尤其注意作者热爱科学的启蒙经历和对自然及社会的探索精神。

（教师补充）（1）兴趣来自身边的生活，我们要做的是细心观察，进而探求隐藏在背后的规律，这正是爱因斯坦的观点。（2）小时候自己感兴趣的事物就是一粒种子，当这粒种子遇到合适的土壤、气候时，就会茁壮成长成一棵参天大树。

五、教师总结

作者在文中指出在童年有两件事大大丰富了他对世界的想象和理解，并且引导他成为一个理论物理学家，这两件事给他的启示是：大胆地想象、怀疑和猜测，不要故步自封，兴趣在人的成长过程中是不可缺少的，但要到达成功的彼岸离不了坚定的信念，坚持不懈的努力，这或许就是作者要告诉我们的。

六、作业

完成课后"研讨与练习三"。

七、板书设计（略）

必修 4

窦娥冤

> **学习目标**
> 1. 把握戏剧的矛盾冲突。
> 2. 分析归纳窦娥的人物形象,探究悲剧根源。

一、创设情境,导入新课

悲剧,就是把美好的东西毁灭给人看!越是美好的东西毁灭得越彻底,悲剧的效果越明显。窦娥是中国古代妇女的典型代表,她身上表现出许多优秀的品质,可以说是美好的,但是这样一个美好的妇女形象,却走向毁灭,悲剧效果非常明显。今天我们学习《窦娥冤》,探究悲剧。

二、自读文本,整体感知

1.概括各部分的主要内容。

明确:楔子:窦天章上京赶考,窦娥被卖抵债;高利贷剥削严重,知识分子穷困潦倒。

一折:张驴儿父子逼婚,窦娥据理拒婚;社会混乱,地痞横行,善良人们受欺凌。

二折：张驴儿弄巧成拙，毒死其父，窦娥屈打成招救蔡婆；以强欺弱，以恶欺善。

三折：窦娥被押赴刑场，临刑发下三桩誓愿。

2. 从每一部分的故事情节中，你能看出当时怎样的社会环境？

明确：社会黑暗，官吏昏聩，百姓有口难言。

三、局部品读，合作探究

请阅读第三折，思考：窦娥到底是一个怎样的人？她的悲剧是谁造成的？

1. 朗读第一部分唱词

（1）《端正好》表现了窦娥怎样的思想感情？

明确：表现了窦娥满腹冤屈与怨恨。

（2）"游魂先赴森罗殿"采用了什么修辞手法？怎样理解？

明确：讳饰，实际是说被杀头而死。（说话时遇到有犯忌的事物，不直说这种事物，而用别的话来掩盖或装饰美化，这种手法叫作讳饰，又叫避讳。）

（3）概括地说，《滚绣球》一曲表达了怎样的思想感情？

明确：既表达了对天地不公的不满，又表现了主人公的反抗精神。

（4）引用"盗跖、颜渊"的典故有何作用？

明确：用以指责天地好坏不分，黑白颠倒。

（5）窦娥是被昏官屈判死罪的，她为何在《滚绣球》一曲中指责天地鬼神？

明确：窦娥受神权思想影响，开始也相信"青天大老爷"能主持正义，赏善罚恶。在残酷的现实面前，她觉醒过来了，她猛烈地指责天地鬼神不分清浊，混淆是非，致使恶人横行，良善衔冤。窦娥对神权的大胆谴责，实质上是对封建统治的强烈控诉和根本否定。她的愤激之词，反映了女主人公的觉醒意识和反抗精神，也折射出当时广大人民的反抗精神。

【板书】反抗的窦娥

2. 朗读第二部分唱词

在押赴刑场时，她为何要求走后街？这一细节对塑造其形象有何作用？

明确：自己走在通向死亡的路上，想到的还是如何不让年迈孤寂的婆婆伤心，这充分表现了她的善良。

作品越是刻画她的善良，也就越发显出其冤屈，她的抗争与反抗也就越发令人同情。因此，这一细节描写不仅使窦娥这个形象更加丰满动人，也使剧作对封建社会的批判更为有力和深刻。

【板书】善良的窦娥

3. 朗读第三部分唱词

怎样认识窦娥的三桩誓愿？说明她所希望的是什么？

第一桩：血溅白练　目的→让刑场上的人们立刻了解她的冤情
第二桩：六月飞雪　目的→以洁白的雪花覆盖自己的身体，表明自己的清白
第三桩：亢旱三年　目的→证明自己的冤屈，让上天惩治邪恶

【板书】不屈的窦娥

四、点拨阅读，难点突破

1. 对比阅读窦娥的三桩誓愿与第一层对天地的指责，试分析它们是否矛盾。

明确：在黑暗的吏制下，窦娥不断反抗、挣扎，但又无奈、找不到出路，这是普通劳苦民众在黑暗封建社会里必然的悲惨结局。

这显然是矛盾的。在这里，我们看到窦娥诉冤过程中对天的怀疑和依赖是始终交织在一起的。这正反映了作家的历史和阶级的局限，这也是关汉卿的矛盾。一方面，他通过窦娥指斥天地，从根本上批判封建统治阶级，表达自己变革现实的愿望。另一方面，又不能从根本上提出救民于水火的办法，只能靠天地动容来昭雪窦娥的冤案。

2. 剧作家为什么要在这折戏的结尾安排"三大奇愿"这样的情节呢？

明确：这"三大奇愿"充分揭露了当时社会官吏昏聩，法治腐败，人民蒙受奇冤而又呼告无门的真实情况。它着力表现主人公至死不屈的斗争精神，这种精神甚至产生了感动天地的力量。"三大奇愿"充分体现了人民伸张正义、惩治贪官污吏、洗雪冤屈的良好意志与愿望，也是作者浪漫主义手法的巧妙运用。

【板书】浪漫的手法，现实的含义

五、总结全文，提升思维

1. 窦娥的感情发展：怨→悲→恨

2. 窦娥的形象：古代妇女的反抗者形象。

3. 主题：揭露社会黑暗现实，歌颂窦娥反抗精神。

4. 语言：通俗精练，生动感人，运用元代口语。

六、作业

完成课后"研讨与练习四"。

七、板书设计（略）

雷　雨

> **学习目标**
> 1. 了解戏剧中人物语言的作用。
> 2. 品味人物语言，揣摩人物心理。

一、创设情境，导入新课

20 世纪 30 年代，年仅 23 岁的曹禺先生在清华读书时创作四幕剧《雷雨》，留下一个悲剧的结局：一个雷雨之夜，三个爱恨交织，有着美好未来的年轻人同时踏上了生命的不归路。这出悲剧是和一个人分不开的，他就是剧中的主角——周朴园。今天，我们学习《雷雨》，走近周朴园。

二、自读文本，梳理人物关系

戏剧作品往往表现出剧烈的矛盾冲突，而这种矛盾冲突又往往产生于错综复杂的人物关系。请大家根据自己的预习，快速地列出课文节选部分的主要人物，并梳理他们之间的关系。

（学生整理，回答，老师展示四个人物之间的关系）故事里的人物关系是如此错综复杂、扑朔迷离，这就预示着一场好戏即将上演。

三、品味精彩的人物语言，揣摩人物心理

课文节选的部分可分为上、下两个半场，上半场表现的是周朴园与鲁侍萍之间的感情冲突，下半场表现的是周朴园与鲁大海之间的阶级冲突。这节课我们只欣赏上半场感情冲突戏。

1. 梳理相识部分的线索

认出对方之前，两人的对话是围绕什么展开的？

（学生思考，回答）

小结：一件事——往事的回忆

一个人——侍萍的身份

三十年不见的旧情人意外重逢，两人的身份、地位，他们背后其他人物复杂的关系，都告诉我们，平地就要掀起波澜。

2. 品味语言，把握形象

在相识的这个过程中，周朴园有没有对鲁侍萍的身份产生怀疑？（有）快速浏览课文，找出两人关于鲁侍萍身份的对话。以对话为分界，朗读探究，揣摩人物语言表现的人物心理，并做出赏析。

第一次对话：

周朴园：(看她关好窗门,忽然觉得她很奇怪) 你站一站。(侍萍停) 你——你贵姓？

鲁侍萍：我姓鲁。

（两名学生分角色读，并谈一谈此刻人物内心的感受）

归纳总结：周朴园略有疑心，鲁侍萍自持冷静。

第二次对话：

周朴园：(抬起头来) 你姓什么？

鲁侍萍：我姓鲁，老爷。

（学生自读，谈感受，师点拨）

归纳总结：周朴园诧异起疑，鲁侍萍平静之中分明透着冷峻。

第三次对话：

周朴园：（忽然立起）你是谁？

鲁侍萍：我是这儿四凤的妈，老爷。

（学生读，谈感受）

归纳总结：周朴园紧张警惕，鲁侍萍冷静中又有一种悲愤交加。

三次波澜总结：周向眼前这个老妈子打听无锡旧事，结果眼前之人竟然如数家珍，和盘托出，周朴园疑窦顿生。

眼前之人点破周朴园要打听的旧事，触及周朴园心灵上隐秘的往事，触痛周朴园的心灵伤疤。周朴园感到如芒刺在背，非常紧张和惶惑，和前两问对比失去了礼貌和斯文，变为直接发问。

第四次对话：

周朴园：（徐徐起立）哦，你，你，你是——

鲁侍萍：我是从前伺候过老爷的下人。

周朴园：哦，侍萍！（低声）是你？

鲁侍萍：你自然想不到，侍萍的相貌有一天也会老得连你都不认识了。

周朴园不觉地望望柜上的相片，又望侍萍。半晌。

（分两组齐读，学生谈自己的赏析）

归纳总结：经过了人生大风大浪的周朴园，在鲁侍萍层层的铺垫之下，平静地接受了眼前的鲁妈就是当年贤惠规矩的侍萍的事实。

四、归纳总结，提升思维

请归纳戏剧中人物语言的作用。

1. 提示故事前情。

2. 凸显人物形象。

3. 推动情节发展。

五、教师总结

　　从二人相识的对话来看，周朴园是怀旧的，我们又该怎样理解这种怀旧之情呢？在周朴园心中，侍萍已经死了，但他三十年来依然保持着夏天关窗户的习惯，在家中留着侍萍从前顶喜欢的家具，甚至桌上还摆放着侍萍年轻时的照片，这是最为后来的太太所诟病的。说他虚伪，他虚伪给谁看？说他是真的，为何三十年后活着的侍萍站到他面前时，他又要说："好！痛痛快快的！你现在要多少钱吧！"真实还是虚伪？就留给大家课下思考探究。

六、作业

　　赏析课文所节选的下半场。

七、板书设计

雷　雨
曹　禺

人物心理	品味语言	人物心理
略有疑心 诧异起疑 紧张警惕 平静接受	周朴园 ← 四次对话 → 鲁侍萍	自持冷静 平静冷峻 冷静悲愤 平静冷峻

　　人物语言的作用：提示故事前情　凸显人物形象　推动情节发展

哈姆莱特

> **学习目标**
> 鉴赏课文通过跌宕曲折的故事情节、尖锐的戏剧冲突刻画典型人物的写作方法。

一、创设情境，导入新课

"生存还是毁灭，这真是一个值得思考的问题"，深刻揭示了人的生存困扰。

"一千个读者，就会有一千个哈姆莱特。"（恩格斯）文学品评的方法。

这两句话并不存在必然的因果关系，但因一部名著而成为千古名句。今天我们走进名著《哈姆莱特》，学习通过跌宕曲折的故事情节、尖锐的戏剧冲突刻画典型人物的写作方法。

二、快速阅读文本，认识复杂的人物关系

哈姆莱特（丹麦王子）　　克劳狄斯（丹麦国王，也是哈姆莱特的杀父仇人）
波洛涅斯（御前大臣）　　奥菲莉娅（波洛涅斯之女，哈姆莱特的女友）
霍拉旭（王子之挚友）　　雷欧提斯（奥菲莉娅的哥哥）

三、自读文本，把握跌宕起伏的情节，尖锐的矛盾冲突

1. 概括主要内容。

明确：哈姆莱特和霍拉旭的故事，回忆哈姆莱特逃回丹麦的经过。

哈姆莱特和奥斯里克的故事，哈姆莱特对奥斯里克的奚落、嘲讽。

哈姆莱特和雷欧提斯的故事，哈姆莱特与雷欧提斯比剑决斗，中了克劳狄斯的圈套。

2. 戏剧是反映现实生活中的矛盾冲突的，"没有矛盾冲突就没有戏剧"，说说"比剑决斗"这个情节中有哪些矛盾冲突。

明确：哈姆莱特——克劳狄斯（杀父霸母之仇）

哈姆莱特——雷欧提斯（杀父"害"妹之仇）

实现复仇——实行毒计

两重矛盾冲突产生强烈的碰撞，并紧紧围绕"比剑"（明）和"毒计"（暗）展开，悲剧由此产生！

3. "比剑"这一关键情节中包含着哪些悬念？这样设计有什么好处？

明确："比剑"这一关键情节包含有若干悬念：

（1）哈姆莱特是否会答应与雷欧提斯比剑？

（2）哈姆莱特能否察觉到雷欧提斯使用的剑有诈？

（3）雷欧提斯会不会按照和克劳狄斯事先设计的计划行事？

好处：每一个悬念都围绕着克劳狄斯的毒计是否能得逞和哈姆莱特能否避免厄运来展开，这样处理能紧紧扣住读者（观众）的心，使读者（观众）的心始终处于高度紧张状态之中。

4. 在"比剑"这一关键情节中，在场的几个人物是：哈姆莱特、国王克劳狄斯、王后乔特鲁德、雷欧提斯。这几个主要人物之间的复杂关系是如何推动情节发展的？

明确：其中克劳狄斯和哈姆莱特是不共戴天的对手，乔特鲁德和雷欧提斯则是会对局面产生影响的两个变数。

乔特鲁德夹在克劳狄斯和哈姆莱特之间，左右为难，关键时候爱子心切；雷欧提斯被克劳狄斯利用，不过由于他不习惯使用阴谋手段，加之哈姆莱特事先向他做了诚恳的表白，因此他既仇恨哈姆莱特，又对他怀有不忍之心。乔特鲁德、雷欧提斯的态度和言行直接影响了事件的进展。

比剑中，在第一回合和第二回合，雷欧提斯由于一时不能下决心杀死哈姆莱特，因此出手比较犹豫，被哈姆莱特占了上风。克劳狄斯迫不及待要置哈姆莱特于死地，在第一回合哈姆莱特取胜后，他就用一杯毒酒为哈姆莱特祝贺，哈姆莱特谢绝了他这种伪装的善意，而王后乔特鲁德或者是想缓和克劳狄斯和哈姆莱特的关系，也可能是潜意识里觉得这杯酒有问题，因此她不听劝阻地替哈姆莱特喝下了这杯酒。

在克劳狄斯的压力下，雷欧提斯终于向哈姆莱特全力发起攻击，以剑尖上染有剧毒的利剑刺中了哈姆莱特，而哈姆莱特夺过他的剑也刺中了他。临死前，雷欧提斯后悔自己不该参与克劳狄斯的诡计，向众人揭穿了克劳狄斯的阴谋。哈姆莱特得以抓住最后机会杀死克劳狄斯，为父亲复仇。

四、精读文本，品味人物的语言，分析人物形象

要求：从人物的语言分析人物的性格特点。

教师点拨：重点精读。

（1）新国王克劳狄斯和雷欧提斯密谋。

（2）奥斯里克跟哈姆莱特说比剑的事。

（3）哈姆莱特向雷欧提斯道歉。

（4）比剑前国王克劳狄斯再一次表现他对哈姆莱特的"关爱"。

1.提问：人物语言表现了人物怎样的性格？

明确：

克劳狄斯：是个惯于耍阴谋诡计的人，他包藏着可怕的祸心，却在哈姆莱特面前装出亲热和善的样子，说的都是言不由衷、笑里藏刀的话。举例分析。

哈姆莱特：语言直率，不加掩饰；喜欢用比喻，喜欢嘲弄人。

奥斯里克：善于逢迎，说话文绉绉的宫廷大臣，其实奥斯里克来哈姆莱特这里的任务几句话就可以说清楚。他自以为文雅知礼实则拘谨呆笨，哈姆莱特狠狠地捉弄了他一番。

2.在课文节选部分，哈姆莱特表现出怎样的个性？

明确：课文主要内容是哈姆莱特向霍拉旭讲述他破坏掉克劳狄斯借刀杀人的阴谋，以及哈姆莱特掉入克劳狄斯设计的比剑圈套，最后敌对双方同归于尽。前一件事情表现了哈姆莱特的敏感、机智，后一件事情则表现了他的草率、冒失。但总的来看，哈姆莱特做事情没有计划性，总是被事件推动着走，不能事先做周密的安排和准备。

五、教师总结

《哈姆莱特》是戏剧诗人之王莎士比亚灿烂王冠上面的一颗光辉的钻石。在哈姆莱特的形象里，莎士比亚体现了他所处时代最优秀的进步的人性特点。哈姆莱特是作者着力塑造的一个人文主义者的典型形象，他经受了人间最大的痛苦和最悲惨的命运。他个人的不幸令他认识到，不合理的社会造成了他不合理的人生。他决心重整乾坤，最后他与敌人同归于尽，家庭、爱情随之毁灭。人文主义者的理想与邪恶黑暗的现实之间存在着巨大的差距。哈姆莱特的悲剧是对人类生活和悲剧命运的高度概括。

六、作业

阅读莎士比亚的《麦克白》。

七、板书设计

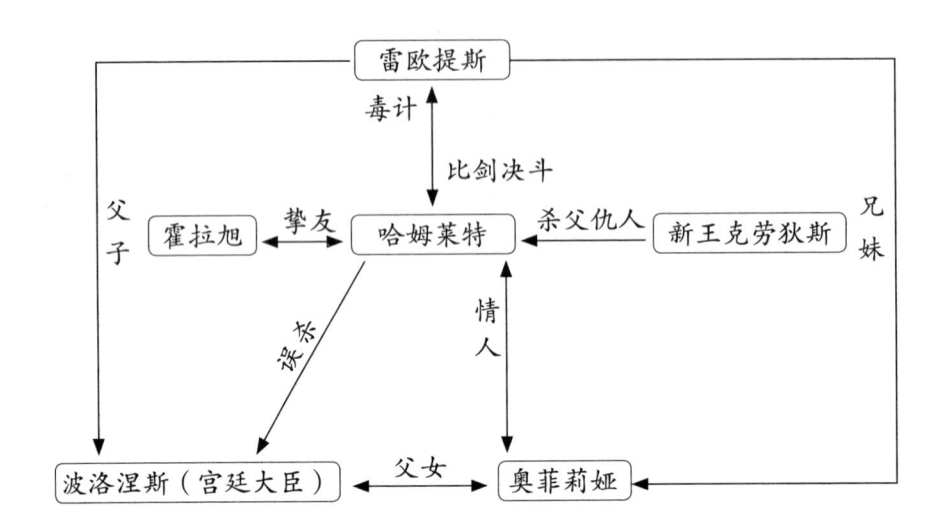

哈姆莱特
莎士比亚

```
                        ┌─────────┐
            ┌──────────→│ 雷欧提斯 │←──────────┐
            │           └────┬────┘           │
            │              毒计│               │
            │                  ↕               │
            │               比剑决斗            │
          父 │                  ↕               │ 兄
          子 │  ┌─────┐  挚友  ┌─────┐ 杀父仇人 ┌──────────┐ 妹
            │  │霍拉旭│←─────→│哈姆莱特│←──────→│新王克劳狄斯│
            │  └─────┘        └──┬──┘         └──────────┘
            │                  ╲ │情                      │
            │                误╲ │人                      │
            │                杀 ╲│                        │
            ↓                    ↓                        ↓
      ┌──────────────────┐  父女  ┌────────┐
      │波洛涅斯（宫廷大臣）│←─────→│ 奥菲莉娅│←──────────┘
      └──────────────────┘        └────────┘
```

望海潮

> **学习目标**
>
> 赏析诗歌语言之美。

一、创设情境，导入新课

同学们，今天我们来学习一首柳永的《望海潮》。相传，柳永到杭州后，得知老朋友孙何正任两浙转运使，便去拜会孙何。无奈孙何的门禁甚严，柳永是一介布衣，无法见到。于是柳永写了这首词，请了当地一位著名的歌女，请她在孙何的宴会上演唱。写了什么内容？柳永投赠成功了吗？请同学们带着问题齐读这首词。

二、自由诵读，整体感知

读词，谈感受

词的上、下阕风格一样吗？有什么不一样？

明确：上阕意境开阔，下阕清丽婉约。（如学生答不出来，提醒学生注意上、下阕用词的不同）为什么同一首词会出现这样不同的风格，我们具体探究。

三、梳理品味，合作探究

1. 夸什么

比如这个"夸"字，夸的是——"好景"，有哪些"好景"呢？（学生可能会举具体的句子）这些属自然风光，是好景色。词中还有好景致，是哪些方面呢？

明确：地理位置、自然风光、都市繁华、民生安乐。

这些好景是哪个城市的？

明确：杭州。

2. 怎么夸

（1）你认为写得最好的一句是哪一句？它好在哪里？

预设：①云树绕堤沙，怒涛卷霜雪，天堑无涯。

明确：好在用词恰切，好在气势磅礴，更好的是同学们读出了它是"怎么夸"杭州之景的。

②烟柳画桥，风帘翠幕，参差十万人家。

我们来仔细品读品读，揣摩一下这一句词人是怎么"夸"的。请同学们用自己的语言描述一下这句词。（评价引至品味典型意象、推敲精彩词句、展开合理想象）

明确："烟"字考究，写垂柳颜色鲜嫩润泽、姿态轻柔灵动，望之朦胧迷离，数量上成片成林；"画"字突出杭州城的繁华与富庶；"风"修饰"帘"，与前文"烟"字照应，更具动态美，引人遐想帘后的风情；"翠幕"，颜色浓郁，与"烟柳"形成色彩上浓淡相宜的层次，使整幅画面更美；"风帘翠幕"衔接上下句，由景而人，引出"参差十万人家"。

（2）大家已经明白了柳永是怎么"夸"的，现在请同学们品赏下阕，选择你最喜欢的一句，拿起笔，将我们心中的美景升华成美丽的文字吧！

学生展示。（略）

教师点拨：王国维在《人间词话》中强调词人必须具有赤子之心，要有真情，只有发自内心的东西才能感动人。其实不仅是词人作词，我们鉴赏词作，也需要真情。同学们的文字，让我感受到了品读者的真情真意。

3. 谁来夸

铺陈渲染的是都市风情，工笔细描的是杭州美景，如此情致，是柳永在夸吗？（提醒学生看注释）

明确：孙何。

4. 为何柳永来写

既然是孙何将来升迁至中书省后夸于同僚，为何这首词由柳永来写？（再读注释：投赠，为了谒见地方官孙何）

小结：至此，我们明白了这句"异日图将好景，归去凤池夸"的真正意蕴，是借祝福孙何将来加官晋爵至朝廷中央向同僚夸耀他治理下的杭州盛景来夸赞孙何的治理之功。

教师：这首词是一首干谒词，目的是请求对方举荐自己。据说，孙何请柳永吃了一顿饭，就把他打发走了，也没有怎么提拔他。投赠提拔落空了，柳永的心情应该是沮丧的、失望的，谁来安慰受伤的柳永？

四、拓展延伸，能力迁移

请同学们依着《望海潮》的词牌，试着为柳永填写一首词。

示例：

望海潮·怀柳永

才子卿相，风流倜傥，天生词人柳郎。漂泊天地，浮名忍弃，砥砺千古乐章。荷花盈十里，丹桂醉三秋，高歌徜徉。紫陌红尘，恣游狂荡，任苍茫。

功名半生茫茫，清酒入柔肠，愁绪满腔。岸边杨柳，残月空望，遥遥再难成双。遗贤谁边向，得失总凄凉，何须心伤。唯有低唱浅斟，缠绵醉飞觞。

五、教师总结

有人说，读柳永，一读《鹤冲天》，识得柳永傲骨肝胆；二读《定风波》，识得柳永恣荡真情；三读《雨霖铃》，识得柳永婉约缠绵；四读《望海潮》，识得柳永大家手笔；五读《八声甘州》，识得柳永唐人气象；最后读《戚氏》，识得柳永一生凄凉。请同学们课下诵读柳永的这些词作，体会不同风格柳词的语言之美。

六、作业

背诵并默写这首词。

七、板书设计

望海潮
柳　永

形胜（地理）——自然风光之美　⎫
都会（都市）——都市繁华之美　⎬ 铺陈渲染 → 惊叹　赞美　艳美
繁华（历史）——民生安乐之美　⎭

雨霖铃

学习目标

1. 品鉴意象。
2. 体味情感。

一、创设情境，导入新课

江山代有才人出，各领风骚数百年。千年前的北宋词坛，有一个专门写词的词人，他的词就是当时最流行的歌曲，直到千年后的今天还在独领风骚。他就是柳永，今天，就让我们穿越历史的烟云，回到宋朝，去聆听柳永的歌曲吧。（明目标）

二、自由诵读，整体感知

1. 这首词抒写了词人怎样的情感？

明确：离愁别绪，人间伤离别情。

2. 词中哪些话集中表现了作者和恋人离别之情呢？

明确：多情自古伤离别，更那堪，冷落清秋节→流露出作者的伤心凄凉。

三、品读诗词，重点探究

品意象→体情感

1. 柳永与恋人离别时的情景是怎样的？

从上阕找出意象。

明确：寒蝉、长亭、骤雨、兰舟、泪眼、烟波、暮霭、楚天。

特点：凄凉、沉寂。

表现手法：实写。

直抒胸臆的句子：执手相看泪眼，竟无语凝噎。

2. 品诗句

（1）执手相看泪眼，竟无语凝噎。

一个"竟"字，强调了作者什么样的心态？把"执手"换成"牵手"或"握手"好吗？为什么？

明确：不好。

"执手相看泪眼，竟无语凝噎。"这两句描写握手告别时的情状，感情深挚，出语凄苦。临别之际，一对恋人该有千言万语要倾诉、叮嘱，执手最能体现恋人手拉着手，泪眼蒙眬，你看着我，我看着你，却连一句话也说不出来的情景。无言胜过有言，正因为气结声阻，就更能体现出内心的悲伤。此时无声胜有声，说是"无语"，其实有千言万语。

柳永和恋人"相顾无言，惟有泪千行"，悲痛得说不出话来。你能试着代他说两句吗？请展开想象写一写，和大家分享。

（2）今宵酒醒何处？杨柳岸，晓风残月。

明确：这一句被词评家贺裳称为"千古俊句"。"酒"无味，"柳"留人，"晓风"秀丽，"残月"凄迷。作者借景抒情，用这些意象集中渲染了自己借酒浇愁、苦闷难挨的愁苦心情。正所谓"人生自是有情痴，此恨不关风与月"（欧阳修《玉楼春》）。

四、能力提升，拓展应用

词还有个别名，大家知道叫什么吗？（诗余）

可见，诗词本是一家，请大家试着把这首词改成诗。

示例：

别佳人

帐饮都门外，相望兰亭边。凝噎留意处，执手望泪眼。

晓风杨柳岸，良景徒虚年。纵有千番情，更与何人言。

长亭别

寒蝉凄切骤雨歇，执手相望语凝噎。

杨柳晓风残月夜，那堪冷落清秋节。

五、教师总结

一曲《雨霖铃》，千古离别情。

忆柳永

忍把浮名换浅唱，只为儿女道情长。

烟花巷陌君常在，倚翠偎红平生畅。

奉旨填词无冕王，井水歌罢美名扬。

多情最是雨霖铃，至今怀念柳七郎。

六、作业

背诵并默写整首词。

七、板书设计

雨霖铃
柳　永

品意象 ──────────→ 析感情

寒蝉　长亭　骤雨　兰舟　泪眼　烟波 ⎫
暮霭　楚天　酒　柳　晓风　残月　　⎭ → ⎰ 离愁别绪
　　　　　　　　　　　　　　　　　　　⎱ 人间伤离别情

念奴娇·赤壁怀古

> **学习目标**
> 1. 了解作者渴望为国效力的思想与壮志未酬的苦闷，正确理解"人生如梦"的思想情绪。
> 2. 学习《赤壁怀古》一词中写景、咏史、抒情相结合的写法。

一、创设情境，导入新课

本首词是怀古词，怀古词的写法是，写眼前之景，怀过往之事，兴己之怀。本节课我们的目标是感悟作者描绘的眼前之景，抒发了怎样的怀古之情。

二、自由诵读，整体感知

明确：上阕：侧重写景叙事，描绘壮阔之景。

下阕：侧重怀古抒情，兴己之怀，抒豁达之情。

词风：豪放。

三、具体研读，合作探究

1. 上阕侧重写景，请用词中的一句话来概括所写景物的特点。

明确：江山如画。

2. 写了哪些景物？分别从哪几个角度来描写？

明确：景物：大江、波浪、故垒、乱石、惊涛、岸、千堆雪。

乱石穿空：从形　岸边
惊涛拍岸：声音　江面 ｝ 描绘出古战场的壮阔之景
千堆雪：颜色　大江深处

3. 下阕怀古

"江山如画，一时多少豪杰"，承上启下，由上阕的景过渡到下阕的情。

为什么单选周瑜？

明确：由周瑜想到自己。

周瑜的形象：雄姿英发、潇洒从容、年轻有为。

周瑜：官场、战场、情场，场场得意，对周的仰慕。

苏轼：黄州、惠州、儋州，州州贬官，对现实的不满。

四、合作交流，突破难点

1. 这种境况对于苏轼而言可谓不顺到了极点，那么他是怎样感叹的呢？怎样超越的呢？

明确：人生如梦，一尊还酹江月。

2. 有人认为这是旷达的，有人认为是消极的，你是怎样理解这句词的？是积极的还是消极的？

明确："人生如梦"，写人生是短暂的，虚幻的。正如苏轼《赤壁赋》中"哀吾生之须臾，羡长江之无穷"。和江水、江月相比，和永恒的大自然相比，尤其会有这种喟叹。他为何有这种慨叹？因为他想建功立业，但是已近知天命之年，没有机会了。人生易老，壮志难酬，正是壮志难酬，所以才感叹人生易老。

想当年横槊赋诗的一代枭雄——幽燕老将曹操在历史的舞台上纵横驰骋，施展其雄才大略。这些风流人物都经不住时间的淘洗，何况自己呢？

这是壮志难酬、人生无常的苦闷。苏轼的超人之处在于他总是旷达的，他怎样排解这种苦闷呢？"一尊还酹江月。"向江月洒酒祭奠，引江月为知己，向江月寻求安慰。《赤壁赋》中："惟江上之清风，与山间之明月，耳得之而为声，目遇之而成色，取之无禁，用之不竭，是造物者之无尽藏也，而吾与子之所共适。"回归自然，融于自然，在恬淡幽静、气氛清新的明月中找到了精神的寄托。可以说这是一种无可奈何的随遇而安的慰藉，但又何尝不是一种苦难后深悟的旷达、洒脱呢？这就是苏轼的生存智慧，也是他的诗意人生。

【板书】失意酹江情

五、教师总结

本词熔写景、咏史、抒情于一炉，极尽笔墨挥洒豪情，书写长江，书写赤壁，书写英雄周瑜，书写人生况味！让我们带着对词人的敬仰，一起来把这首词读一遍。

六、作业

背诵并默写整首词。

七、板书设计

念奴娇·赤壁怀古

苏　轼

赤壁雄奇景
英雄周瑜颂　（衬托）　写景
失意酹江情　（对比）　思史
　　　　　　　　　　　抒怀

定风波

> **学习目标**
> 体会作者豁达的胸怀和诗歌中包含的人生哲理（以小见大的写法）。

一、创设情境，导入新课

上节课我们学习了苏轼的《念奴娇·赤壁怀古》，这节课我们继续走进苏轼，学习他的《定风波》。背景与《念奴娇·赤壁怀古》相同。

二、初读感知，梳理词意

齐读小序和词，看这首词叙述了一件什么事以及苏轼在这件事情中持什么样的态度。

明确：主要写苏轼一行人前往沙湖相田，途中遇雨后的感叹。苏轼没有躲雨，他认为风雨无妨（余独不觉，"莫听""何妨徐行"）。

上阕：雨中的情景和心情。

下阕：雨后的情景与心情。

三、品读赏析，领略词境

1. 苏轼是怎样表达自己"独不觉"即不愿躲雨的人生态度的？你认为哪些词语直接表达了这种态度？

明确：莫听、何妨、谁怕、竹杖、芒鞋、一蓑、任。

2. 苏轼为什么不躲雨？请联系作者的写作背景和生平来谈。

明确：（1）这首词作于被贬到黄州三年，作者已从愤懑和痛苦中跳脱出来。

（2）苏轼思想中整合了儒佛道。他崇尚老庄哲学，深受禅学影响，因而淡泊等思想都会在逆境中生发。

（3）作为豪放派词宗，苏轼个性中蕴藏着乐观的因子。

3. "雨"在文中起什么作用？

明确：借喻之意，托愿之情。

四、合作交流，突破重点

1. 围绕"雨"字，词的上、下阕分别写了雨中、雨后，你认为上、下阕的主旨句分别是哪两句？为什么？

明确：上阕：谁怕，一蓑烟雨任平生。下阕：归去，也无风雨也无晴。

因为本首词要表达的主旨就是"不怕风雨"。

2. 有人说，"归"字是全词的核心所在，并从中窥见词人的文化性格，你怎么理解？"归"与陶渊明的"归"能不能画等号？为什么？

明确："归"字贯串全词，是词人精神世界的缩影，莫听、徐行这种把自己置风雨之外是心归，竹杖、芒鞋、蓑衣这种退隐之意也是归。陶渊明是归田园，苏轼是归于心。

五、教师总结

有东坡词，人生无难题。人生再多的雨，经过东坡的过滤，都变成一片晴空了。苏轼为我们撑起了一把伞，撑出了一片晴朗的天空，愿我们活得像他一样明亮，一样豁达。

六、作业

背诵并默写这首词。

七、板书设计（略）

水龙吟·登建康赏心亭

> **学习目标**
> 领略辛词的豪放风格,感受他深沉悲愤的爱国之情和不遇之恨。

一、创设情境,导入新课

作家梁衡曾说过这样一段话:"中国历史上由行伍出身,以武起事,而最终以文为业,成为大诗词作家的只有一人,这就是辛弃疾。"不平凡的经历也成就了辛弃疾独特的词风,今天,就让我们一起走进《水龙吟·登建康赏心亭》去领略他的词作的魅力!(板书:水龙吟·登建康赏心亭　辛弃疾)

二、诵读感悟,走近稼轩

1. 作者登亭看到了什么?

明确:楚天、江水、远山、落日、断鸿。

2. 辛弃疾眼前所见之景蕴含他怎样的情感?请用文中的关键词回答。

明确:愁、恨。

三、结合背景，深入稼轩

合作探究：三个典故的意图。

作者登亭，除了看到这些令人伤心的景物，还想到一些前人的故事，大家在词的下阕找找。

明确：三个典故。

（1）尽西风，季鹰归未？

这是一个反面典故，作者用张翰乐于归隐的典故，表明自己不愿像张那样，弃官还乡，归隐田园，而是要积极收复北方。

（2）求田问舍，怕应羞见，刘郎才气。

是刘备责备许汜求田问舍，不能忧国忘家，一正一反，刘正、许反，作者要像刘备那样，胸怀雄心壮志，决战疆场。

（3）可惜流年，忧愁风雨，树犹如此。

正面典故，用桓温慨叹时光流逝的典故，表现作者怀才不遇、年华虚度的愤慨和痛苦。

四、品析语言，品味稼轩

1. 作者登亭看到壮美河山落入敌手，想到前线的英雄人物，作为一名曾经的抗金英雄，此刻他最想表达什么，他认为当时最该做什么？（收复河山）在词中辛弃疾清楚地告诉我们，他现在能做的仅仅是什么？

明确：把吴钩看了，栏杆拍遍。

2. 词人这把英雄泪又蕴含着哪些复杂感情？

明确：

山河破碎，朝廷偏安 ⎫
自己飘零，年华流逝 ⎬ 有志难酬的英雄之泪
壮志难酬，无人理会 ⎭

小结：

上阕：写景 { 江月、山景 / 落日、断鸿 } 借景抒情

下阕：用典 { 张翰——辞官归隐 / 许汜——谋取私利 / 刘备——雄才大略 / 桓温——叹时光流逝 } 用典抒情

} 爱国之情和不遇之恨

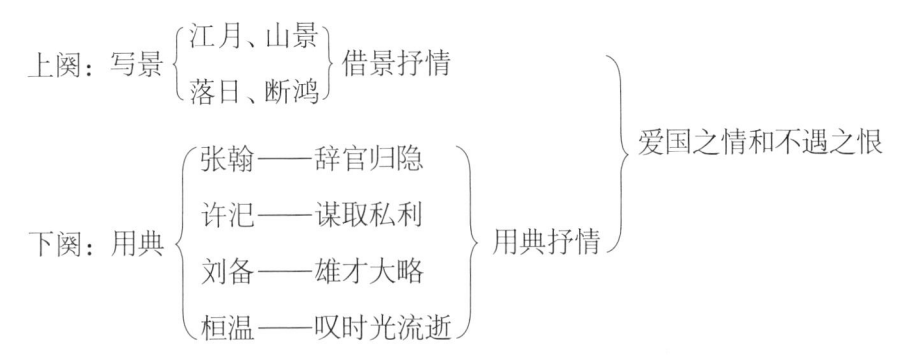

五、教师总结

同学们，这节课我们通过"诵读感悟，走近稼轩""结合背景，深入稼轩""品析语言，品味稼轩"三个环节学习了这首词，鉴赏了这首词的特色，更重要的是体会了作者的满腔爱国情怀。其实，在历史上还有许多类似辛弃疾这样的英雄人物。你还知道有哪些？能不能说出他们的几句名言？

教师：的确，中国文人独有的忠勇文化演绎出一幕幕惊心动魄的千古绝唱。岳飞"怒发冲冠，仰天长啸"，却仍旧高唱"待从头、收拾旧山河，朝天阙"；陆游一面慨叹着"塞上长城空自许，镜中衰鬓已先斑"，一面又希冀着"王师北定中原日，家祭无忘告乃翁"；哪怕文天祥身陷囹圄，辛弃疾只能"醉里挑灯看剑"，林则徐发配伊犁，但他们"人生自古谁无死，留取丹心照汗青""了却君王天下事，赢得生前身后名""苟利国家生死以，岂因祸福避趋之"的绝唱，却演绎成了时代的最强音！因为他们心中都刻着四个大字"精忠报国"！

下面就让我们一起跟随这首"精忠报国"之词，再次去感受这些英雄的雄心壮志。

六、作业

背诵并默写这首词。

七、板书设计（略）

永遇乐·京口北固亭怀古

> **学习目标**
> 1. 理解本词运用的典故，了解借古讽今的写作特点。
> 2. 体会作者抗敌救国的雄心壮志和报国无门的忧愤之情。

一、创设情境，导入新课

赤壁的惊涛骇浪勾起了苏轼的无限遐想。与雄姿英发的周瑜相比，苏东坡自然会发出无限的感慨。登上京口北固亭的辛弃疾，又做何感想呢？今天，我们就来学习《永遇乐·京口北固亭怀古》。

二、自主诵读，整体感知

1. 结合注释自读课文，弄懂词中关键词语意思，了解全词大意。

要求：（1）读准字音，注意停顿、语气和情感的把握，充满感情地朗读。

（2）结合课下注释，把握全词内容。

2. 自主探究。

（1）这首词主要使用了哪种表达技巧？

明确：辛词长于用典。所谓"用典"，就是引古人、古事来比喻今人、今事，以抒发情怀，是古代诗文中常见的一种写作手法。用典的好处在于能用极精简的语言表达丰富的意思。恰当地用典，可使文章富有文采，含蓄深刻。用典或仰慕古人；或以古人自况，感慨身世；或借古讽今；等等。言简意赅，以一当十。

（2）找典故。

①在本词中有哪些典故？分别是哪些句子？它们分别与谁有关？词人借此抒发了什么情感？

明确：

人物	故事简介	关键词句	典故的作用
孙 权	孙权坐断江南（曾经建立吴都，并打败曹操军队，保卫了家园）	英雄风流	表现作者心中渴望抗敌救国的热情
刘 裕	寄奴成功北伐	金戈铁马，气吞万里如虎	收复中原，建功立业的远大抱负
刘义隆	元嘉仓皇北顾	草草……仓皇	借鉴历史，委婉劝韩侂胄不能草率行事
佛狸祠	佛狸神鸦社鼓（宋文帝败，拓跋焘率军追到瓜步山上，在山上建立行宫，即后来的佛狸祠）	可堪……	表达对南宋政权不图恢复中原的不满
廉 颇	廉颇忠勇遭弃	凭谁问……	作者以廉颇自况，虽66岁仍想为国效力，却有小人挑拨，他感到悲愤，抒发了他壮志未酬的苦闷

②作者借用典故抒发了什么样的情感？

明确： 表达北伐雄图、对国事的忧虑和壮志难酬的愤慨。

上 阕

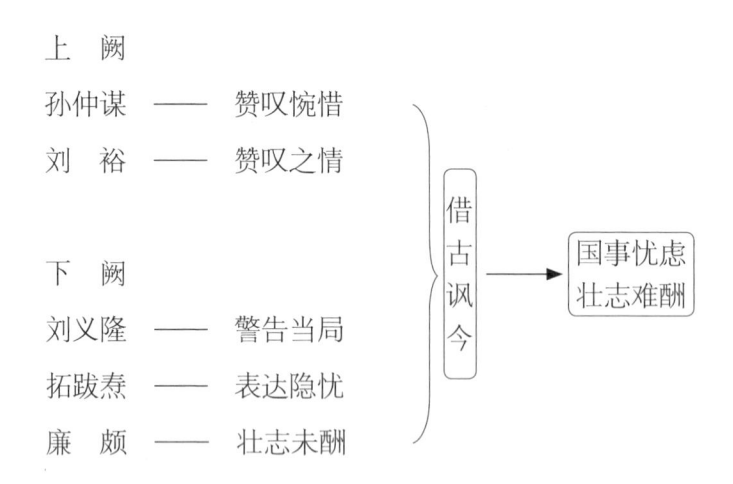

孙仲谋 —— 赞叹惋惜

刘 裕 —— 赞叹之情

下 阕

刘义隆 —— 警告当局

拓跋焘 —— 表达隐忧

廉 颇 —— 壮志未酬

借古讽今 → 国事忧虑 壮志难酬

三、再读诗歌，合作探究

词中用典之处颇多，有无堆砌之感？为什么？

明确：用事是用典的一种方式，即借用历史故事来表达作者的思想感情。辛词中用典很多，却无堆砌之感，因为内容大多与作者的政治态度和个人遭遇有关。

上阕是借历史人物书写自己的抱负，下阕一开始就是令人沮丧的历史图画，回溯历史，意在汲取教训，不打无准备之仗。上阕已说到北伐雄图，这里再说北伐的基本方针，也是极自然的，是词中常见的讽喻手法。最后用廉颇一事，表达了作者的悲愤之情，用它来结束全词，不仅使抒情达到了高潮，而且集中、鲜明地再现了词人的自我形象。

四、学以致用，能力拓展

阅读下面这首词，然后回答问题。

南乡子

辛弃疾

何处望神州，满眼风光北固楼。千古兴亡多少事，悠悠，不尽长江滚滚流。

年少万兜鍪，坐断东南战未休。天下英雄谁敌手？曹刘，生子当如孙仲谋。

这首词运用了什么手法？表达了什么情感？

点拨：用典。本词就三国吴蜀联合抗曹的事迹发出感怀。词中表面上是称赞孙权为天下英雄，实际上谴责南宋主和派的昏庸怯懦。"生子当如孙仲谋"一句虽为曹操之言，也代表了作者的心声，表达出对当权者无抗金复国之志的遗憾和愤慨。

方法归纳：（1）题目。（2）作者。（3）注释。（4）内容关键词。

五、教师总结

作者登上北固亭，面对眼前的大好河山，追念曾经在此叱咤风云的英雄人物孙权和刘裕，歌颂和追慕他们的英雄业绩，抒发了"时无英雄"的感慨。下阕借刘义隆仓促北伐，招致惨败的故事，借廉颇不被重用的故事，抒发了壮志难酬的愤懑。

六、作业

背诵并默写这首词。

七、板书设计（略）

醉花阴

> **学习目标**
> 1. 把握意象,感受意境。
> 2. 体会情感,学习诗歌鉴赏的方法。

一、创设情境,导入新课

《如梦令》:"常记溪亭日暮,沉醉不知归路。兴尽晚回舟,误入藕花深处。争渡,争渡,惊起一滩鸥鹭。"这首词表达的是李清照少女时期的生活情趣和心境,多么的美呀。李清照作品的感情基调都是如此轻快明丽吗?这节课我们一起再次走进她的内心世界。

二、初读文本,悟愁

1. 这首词表达了词人怎样的心情?本首词哪一个词最能体现作者的心情?

明确:"愁""愁永昼"。

2. 词人为何而愁?

明确:佳节又重阳。

三、研读文本，析"愁"

1. 你具体是从哪些词句中感受到这种愁情的？

明确："薄雾浓云愁永昼""瑞脑销金兽""佳节又重阳""玉枕纱厨""半夜凉初透""东篱把酒黄昏后"。

2. 全词只一个"愁"字，却无处不见愁绪，无处不见愁情，词人是如何做到的呢？

明确：词人把这丰富真挚的情感寄托在这些意象上，从而达到了借景抒情、情景交融的效果。

四、再读文本，品"愁"

1. 如此重阳佳节，李清照夫妇以前是怎样的生活状态？这杯酒有什么味道？

明确：回忆，丈夫此时不在眼前，而身在他乡，这杯酒里有什么味道？（思念）这种思念是什么味道？（幸福）

2. 如果身在异地的丈夫看到这首词，他会有什么感受，又是一种什么味道？

明确：幸福——一种相思，两处闲愁。

五、教师总结

培根说："读一本好书就好像和伟人在谈话。"其实读一首好词也就认识了词人，希望同学们用我们学到的方法，多读多问，认识更多的词人。早年的李清照给我们留下了一首首爱情经典词作，成为中华民族千余年的精神享受，让我们再次有感情地齐读课文。

六、作业

背诵并默写这首词。

七、板书设计

醉花阴

李清照

思念　回忆　憧憬　幸福→闲　愁

声声慢

> **学习目标**
> 抓住词中主要词、句来解读愁情。

一、创设情境，导入新课

在中国文坛有这样一位奇女子，她天真烂漫，浅唱"争渡，争渡，惊起一滩鸥鹭"；她哀婉惆怅，低吟"此情无计可消除，才下眉头，却上心头"；她"人比黄花瘦"，却也有着巾帼不让须眉的铮铮铁骨，她大声呐喊："生当作人杰，死亦为鬼雄。至今思项羽，不肯过江东。"她是谁呢？她就是婉约派一代词宗李清照。这堂课我们将学习李清照婉约词的千古名篇《声声慢》。

二、初读文本，品词情

1. 这首词的词眼是哪个字？

明确："愁"。

2. 作者为什么这么"愁"？请结合作者的人生经历及写作背景品析。

明确：丧夫之痛、孀居之悲、颠沛之苦、故国之思、亡国之恨。

三、再读文本，品析词境

1. 词人是如何抒发愁情的？

明确：直接抒情，间接抒情。

2. 直接抒情的句子有哪些？起什么作用？

明确：（1）寻寻觅觅——动作，若有所失；冷冷清清——环境、心境；凄凄惨惨戚戚——感受，沉痛、凄凉。

（2）这次第，怎一个愁字了得

叠词作用：形式上富有音乐美、音韵美，增强感情；内容上奠定哀婉、凄凉愁苦的基调。

3. 鉴赏主要意象

（1）"淡酒""晚风""过雁""黄花""梧桐""细雨"，这些意象表达了怎样的愁绪？

明确：

意象 {
- 淡酒：并非酒淡，而是愁浓，酒力压不住心愁→愁的象征
- 晚风：渲染愁情，衬出内心的冷
- 过雁：表达物是人非的悲痛和对丈夫的思念→雁：离愁的象征
- 黄花：喻憔悴的容颜，孤苦飘零的晚境→黄花：女子容颜的憔悴
- 梧桐：悲怆凄婉的寄寓，凄凉悲伤的象征
- 细雨：哀伤，愁丝的象征
} → 凄婉 愁苦 哀怨

传递出孤寂、愁苦、绝望的心情 ←

（2）《醉花阴》与《声声慢》情感表达的异同有哪些？

明确：相同点：愁。不同点：愁的内涵、程度不同。

四、再品词蕴——重读诗词

老师：寻寻觅觅，冷冷清清，凄凄惨惨戚戚。乍暖还寒时候，最难将息。

三杯两盏淡酒，怎敌他、晚来风急？

女生：雁过也，正伤心，却是旧时相识。

男生：满地黄花堆积，憔悴损，如今有谁堪摘？

女生：守着窗儿，独自怎生得黑？

男生：梧桐更兼细雨，到黄昏、点点滴滴。

老师：这次第，怎一个愁字了得！

五、教师总结

一杯残酒、一声雁鸣、一片落叶、一缕秋风、一滴秋雨营造出了凄悲哀婉的千古名篇，请同学们课后多加朗诵、品味，并选择其中的一个场景，用现代汉语写出一篇优美的散文。

赏词方法：1.直接抒情找词眼。2.间接抒情找意象。3.联系作者生平和背景。4.多读。

六、作业

背诵并默写这首词。

七、板书设计（略）

拿来主义

> **学习目标**
> 1. 理清文章论证思路。
> 2. 学习本文比喻论证方法。

一、创设情境，导入新课

我想请同学们来说说，你们最喜欢的节日、影视剧或动漫剧是什么？从同学们的爱好中，我发现一个问题，那就是圣诞节、情人节比我们传统的节日都盛大，同学们也更爱看韩剧和日本动漫剧。近几年，外国的文化迅速充斥在中国人的文化生活中。那么，我们应该如何面对这种外来文化的冲击是全盘接受，还是全部抵制，还是相互融入？

其实20世纪30年代，鲁迅就给出了答案。我们先来学习这篇课文，然后来回答这个问题。

二、初读课文，感知"拿来主义"

1. 什么是拿来主义？除了拿来主义，作者还写了哪些主义？它们的实质是什么？

明确：我们要运用脑髓，放出眼光，自己来拿。

闭关主义 ⎫
送去主义 ⎬ 实质都是卖国主义
送来主义 ⎭

2. 我们奉行"送去主义"的同时，帝国主义对我们实行什么政策？

明确："送来主义"。

三、再读课文，细悟"拿来主义"

1. 第1段"别的且不说罢"一句有什么作用？

明确：这一句把所要揭露、论述的范围加以严格的限制，只讲学艺上的事。本文写于1934年6月4日，那时日本帝国主义的魔爪已经伸到了东北、华北，国民党政府推行卖国主义政策，变本加厉地出卖国家的领土、资源和主权，确实"成了什么都是'送去主义'了"。因此，用"别的且不说罢"的句子，不仅使论述的范围明确，而且增强了揭露的深刻性。

2. 作者列举了哪些事例来揭露国民党政府实行"送去主义"的媚外丑态？

（略）

3. 一味奉行"送去主义"会产生什么严重后果及危害？

明确：作者以尼采"自诩他是太阳，光热无穷，只是给予，不想取得"作类比，"尼采究竟不是太阳，他发了疯"；中国若"只是送出去"，同样是愚蠢可笑的。说"掘起地下的煤来，就足够全世界几百年之用"，"几百年之后呢"？我们的子孙，"当佳节大典之际，他们拿不出东西来，只好磕头贺喜，讨一点残羹冷炙做奖赏"。"磕头""讨"和"残羹冷炙""奖赏"等词语，形象、深刻地写出了"送"的结果是我们的子孙后代将无法立足于世界民族之林。

4. "抛来"和"抛给"有何区别？

明确："抛来"指把无用的东西抛弃掉，或者无代价地送人或施舍，一般不怀有什么不良的动机或目的。

"抛给"指有目的的、带恶意的输出。

5."送来"和"拿来"有什么不同？

明确："送来"不等于"拿来"。"送来"是被动接受，而"拿来"是主动获取；"送来"的是别人剩余的东西，而"拿来"的是经过挑选的对自己有用的东西。

6."运用脑髓，放出眼光，自己来拿"怎么理解？

明确："运用脑髓"指用脑筋独立思考，有主见；"放出眼光"指要看得清，有辨别力；"自己来拿"指要有选择，自己拿。我们要运用脑髓，放出眼光，自己来拿！（有思考、有鉴别、有选择）

四、重点研读，突破重点

针对文化遗产，"拿来主义"者应采取怎样的态度和方法？在批判"送去主义，送来主义"时，用了什么论证方法？

明确：用大宅子比喻文化遗产，比喻论证。

```
闭关主义：自己不去，别人也不许来  ┐
送去主义：送古董、送画、送活人    ├ 破  为什么
送来主义：鸦片、废枪炮、香粉      ┘

我们要运用脑髓，放出眼光，自己来拿    立  是什么

        ┌ 不敢进去，逃避害怕
错误态度 ┤ 放火烧光，全盘否定
        └ 接受一切，全盘肯定

              ┌ 鱼翅：吃掉
  正确态度    │ 鸦片：送药房
（占有、挑选）┤ 烟枪：展览，毁掉      怎么样
              └ 姨太：走散
```

五、教师总结

作者要论说的是"拿来主义",但它是针对历史和现实存在的问题提出来的,近代的"闭关主义"必然导致"现在"的"送去主义"。"送去主义"是一种有往无来的卖国行径,必然导致国势日弱,被动挨打,从长远看,将造成亡国灭种。因此,采取与"送去主义"针锋相对的"拿来主义"就刻不容缓。"送去主义"和"拿来主义"是一个问题的两个方面,"破"正是为了"立"。

六、作业

运用先破后立的方法写段 300 字左右的短文。

七、板书设计(略)

父母与孩子之间的爱

> **学习目标**
> 1. 了解孩子爱的能力发展阶段及特征,理解父爱和母爱的特点与本质区别。
> 2. 了解作者关于健康而成熟的灵魂的观念。

一、创设情境,导入新课

都说母爱如水,父爱如山,母爱温暖了我们的心灵,父爱照亮了我们的人生,母爱和父爱是人间唱不完的歌,道不尽的情。这些,都是我们对于母爱和父爱的感性认识。这种爱又该如何理性地看待呢?今天,我们一起来学习《父母与孩子之间的爱》,看看它能给我们哪些启示。

二、初读文本,整体感知

1.《父母与孩子之间的爱》是篇哲学随笔,理解文章时你主要抓了哪些句子?并说说理由。

点拨:(1)抓加着重号的句子,加着重号就意味着是作者表述的重点。

(2)抓每段的关键句、中心句、过渡句和总结句。

预设关键句有：

①同爱的能力发展紧密有关的是爱的对象的发展。

②人从同母亲的紧密关系发展到同父亲的紧密关系，最后达到综合，这就是人的灵魂健康和达到成熟的基础。

2. 讨论：为什么这两句很关键？

明确：（1）由第①句可知：前三段讲的是爱的能力发展，后面讲的是爱的对象发展。这句是过渡句，承上启下，把握了这句，文章整体思路就清晰了。

由第②句可知：爱的对象发展经历了三个阶段：人同母亲关系紧密—人同父亲关系紧密—"达到综合"。

（2）第②句"这就是人的灵魂健康和达到成熟的基础"令人费解，可引导学生进一步理解：

"这"指的是"综合"，后文"人的灵魂健康和达到成熟"就是成为"成熟的人"（依据"一个成熟的人最终能达到他既是自己的母亲，又是自己的父亲的高度"可知）。"成熟的人"中的"成熟"在文中指的就是爱达到成熟，即爱的能力发展到成熟阶段。

可见，最后一句不仅总结了爱的对象发展的三个阶段，还揭示出爱的能力发展和爱的对象的发展之间的关系：爱的对象发展促进爱的能力发展，并最终促使爱走向成熟。

小结：本文的核心内容是讨论爱的能力发展，最后落脚在爱的能力发展的成熟阶段，而关于爱的对象发展的讨论是为论述爱的能力发展服务的。

3. 这样看来，全文的论证思路是怎样展开的？

明确：纵向展开论证。

爱的能力发展（爱的零体验→爱的初体验→爱的成熟体验）—爱的对象发展—综合，使爱达到成熟。

方法总结：中心句、过渡句、总结句。

三、细读文本，深入探究

1. 爱的对象发展到"综合"才能促使爱走向成熟。那么爱的对象的发展为什么一定要达到"综合"呢？不可以只发展同父亲的关系或同母亲的关系吗？

明确：因为父爱与母爱各有其积极面，也各有其消极面。

点拨：把握关键句。

"正同无条件的母爱一样，有条件的父爱有其积极的一面，也有其消极的一面。"（也可以由"如果一个人只发展父亲的良知，那他会变得严厉和没有人性；如果他只有母亲的良知，那他就有失去自我判断力的危险，就会阻碍自己和他人的发展"进行推导。）

2. 母爱与父爱各自有哪些积极面和消极面？为什么它们各自会有积极面和消极面？请大家阅读文章进行信息筛选，并说出筛选的依据。

明确：母爱与父爱的积极面和消极面是由母爱与父爱的"性质"决定的。

（1）关于父爱积极面和消极面的解说的相关语句：

消极的一面是父爱必须靠努力才能得到，在辜负父亲期望的情况下，就会失去父爱。

父爱的积极的一面也同样十分重要。因为父爱是有条件的，所以我可以通过自己的努力去赢得这种爱。

点拨：①信息筛选：注意引导语，如"积极的一面""消极的一面"。
②观点理解：应牢牢抓住"父爱的原则"和"父爱的本质"。

父亲代表的是"法律、秩序、纪律等事物"的"思想的世界"，父亲以"法律、秩序和纪律"等思想教育孩子走向社会，所以父爱是有条件的。父亲必须要求孩子符合（或"顺从"）父亲所认可的各种社会观念，符合父亲的各项要求。如果符合父亲的观念并努力去做，就会赢得父爱，否则就会失去父爱。

（2）关于母爱积极面和消极面的解说的相关语句：

无条件的母爱不仅是孩子，也是我们每个人最深的渴求。

无条件的母爱有其有缺陷的一面。这种爱不仅不需要用努力去换取，而且根本无法赢得。

解析：①信息筛选：关于母爱的这两处信息散见于第2段和第5段，信息分散时应注意抓核心词："缺陷"（即消极面）；"最深的渴求"（即积极面）。

②观点理解：

A. 因为母亲和孩子天然的血缘关系，母亲就像"故乡""大自然、大地和海洋"一样无私、温暖、宽广、包容，她会出自本能地爱自己的孩子，所以母爱是无条件的，在任何情况下，母亲都会给予孩子爱。所以母爱是"每个人最深的渴求"；是母亲都会无条件地给孩子爱，所以不需要"用努力去换取"；母爱无条件，所以孩子怎么努力也不会获取更多的母爱，"根本无法赢得"。

B. 事实上，关于母爱与父爱的积极面和消极面，作者总是从对比的角度来论述：

母爱不需要用努力去换取——父爱必须靠努力才能得到。

母爱根本无法赢得——父爱可以赢得。

所以母爱"不仅不需要用努力去换取，而且根本无法赢得"是无条件的母爱产生的必然结果，也是相对于父爱来说的。这样说从本质上告诉人们，父爱与母爱可以互补，因此需要综合。

方法总结：信息筛选：①抓中心句、过渡句、加着重号的语句；②抓核心词；③抓对立关系（如父亲和母亲）。

总结：由于母亲代表自然世界，母爱无条件，所以最初孩子是依赖母爱生存的；但孩子毕竟要走向世界，而父亲代表思想世界，孩子需要父爱的引导，所以孩子同父亲的关系开始重要，并不断发展；但有条件的父爱也有缺陷，而父爱与母爱可以互补，所以爱的对象的发展最终要达到"综合"，这样才能促使爱走向成熟。

四、深度解读，品味爱的艺术

1. 爱的对象由同母亲的紧密关系发展到同父亲的紧密关系，最后达到综合。那么应该如何"综合"呢？你对此还有别的看法吗？

明确：（1）"综合"既需要父母进行努力，也需要孩子自己学会"综合"。（抓

住第 8、9 段的首句可知）

（2）从父母角度来说：母亲既要"给予孩子一种生活上的安全感"，又希望孩子独立；父亲所提出的要求一定要受一定的原则支配，不能专横，要宽容而有耐心，使孩子有自信心。

总之，父母应该发展父爱和母爱的积极面，遏制消极面。父母的这种做法最终使孩子走向成熟。（通过筛选第 8 段信息可得）

（3）从孩子的角度来说，"综合"就是要能融合父爱与母爱的积极的一面，并能从对父母的依附关系走向独立。

方法小结：理解句子含义：①关注句子内部，尤其是突破对关键词的理解；②关注句子所在的语境，既要关注全文语境，也要关注上下文。

2. 爱的对象发展达到综合，就会促进爱的成熟，那么成熟的爱究竟是怎样的爱？它和不成熟的爱有着怎样的区别？

明确：天真的、孩童式的爱情遵循下列原则："我爱，因为我被人爱。"成熟的爱的原则是："我被人爱，因为我爱人。"不成熟的、幼稚的爱是："我爱你，因为我需要你。"而成熟的爱是："我需要你，因为我爱你。"

五、教师总结

"父母与孩子之间的爱"，是个永恒的话题。弗罗姆站在哲学的高度进行了理性分析，他不仅认识到父爱与母爱的本质区别，认识到爱的对象发展促进了爱的能力的发展，更深刻地认识到一个成熟的人要善于"综合"。文章说理深刻，表述严谨，难怪此书读者数亿，至今畅销不衰。今天我们仅是窥见了冰山一角，希望大家课后阅读《爱的艺术》全书，做一个善于经营爱的艺术的成熟的人。

六、作业

阅读《爱的艺术》全书。

七、板书设计（略）

热爱生命

> **学习目标**
> 1. 把握本文哲理，学会分析带有哲理性的重点的句子。
> 2. 学会概括西方随笔类文章的主旨。

一、创设情境，导入新课

生命是人一生最重要的话题，因为没有生命就没有我们的生活，古往今来每个人对生命的定义是不同的。今天，就让我们一起来学习蒙田《热爱生命》，共同倾听来自16世纪法国思想家的声音。（目标）

二、初读文本，整体感知

揣摩文章主旨，整体感知，直击观点，齐读课文，画出直接表明观点的句子。

如：1.我却认为生命不是这个样的，我觉得它值得称颂，寓有乐趣。

2.我想靠迅速抓紧时间，去留住稍纵即逝的日子，剩下的生命愈是短暂，我愈要使之过得丰盈饱满。

三、再读文本，探究内容

本文多处运用对比手法来阐述观点，概括有哪些方面的对比。

明确：

度日 { 好日子，细细品尝。
　　　坏日子，消磨光阴。

生命认识 { 哲人：打发消磨，无视苦事贱物。
　　　　　我：值得称颂，富有乐趣，自然的厚赐。
　　　　　糊涂的人：枯燥无味，躁动不安，寄希望于来世。

对比说明：生命是否可爱有意义，取决于其对生命的认识和态度。

四、鉴赏语言，品味内涵

1. 从文中找出你感触最深的语句，并说明理由。

（1）"我们的生命受到自然的厚赐，它是优越无比的。"

明确： 人的生命是经过数十亿年的时光演化而来的，是自然伟大而神奇的杰作，具有无可比拟的优越性。（每个生命的诞生都是上天的厚赐，更值得我们珍惜）

（2）"生之本质在于死。"

明确： 作为个体生命的存在，都是短暂的、有限的，死亡是人人都不能避免的。这句话从生命的终极归宿上来看待生命，由此引出珍惜生命的话题。死亡是生命的终点，又是衡量生命价值的起点，俗话说"盖棺定论"，一个人只有到了死亡，才定格了其生命的价值和意义。所以，对每一个想活得有意义的生命而言，走向死亡的过程便是不断超越自己的过程。从这个意义上说，死亡是生命的另一种形式。

（3）"只有乐于生的人才能真正不感到死之苦恼。"

明确： 珍惜生命，热爱生命，认真而充实地生活，善于享受生活中各种快乐的人死而无憾，就不感到死的苦恼了。如果一辈子浑浑噩噩，消极悲观地对待生活，留下太多遗憾，临终必然苦恼。从哲学意义上说，人在追求自己的生命价值时可以超越死亡。在人类的历史上，饮鸩身亡的苏格拉底、引颈就刀的阿基米德、服毒自杀的杰克·伦敦、自沉汨罗的屈原、进退皆忧的范仲淹、横刀向天笑的谭嗣同、鞠躬尽瘁的周恩来等著名的人物都是把个体的"小我"融会于人类的"大我"之中，实现了生命的自我超越。

（4）"生活乐趣的大小是随着我们对生活的关心程度而定的。"

明确：只有关心生活，才能深刻地感受到生活的乐趣，更好地品味生活、享受生活。

（5）"剩下的生命愈是短暂，我愈要使之过得丰盈充实。"

明确：虽然生命的长度难以改变，但是只要充分理解生命的意义，尽情享受人生的乐趣，生命的内容和质量就会得到无限的丰富。用"丰盈充实"的生活使生命相对延长。

2. 对于生命的长度，我们无法去预测，就像那些在自然灾害中丧失生命的人们，前一刻或许他们还在欢歌笑语，而此刻，他们却提早地告别了这个世界。既然生命的长度不可以把握，那生命的分量可以增加吗？我们如何增加自己生命的分量？（学生各抒己见）

小结：通过刚才的讨论、解答，我们了解了作者在面对死亡时之所以那么从容，是因为他有化死亡为生命的"秘诀"，即在有限的时间里追求生命的最大价值。塞内卡说过："生命如同寓言，其价值不在长短，而在内容。"我们大家都很幸运地拥有了生命，它的存在与消亡不是我们可以决定的，可是我们能够决定它的价值。那么，就让我们活出最精彩的自我，不要辜负我们所拥有的时光。

五、课堂小结

今天，我们学习了谈论生命问题的文章，在作家精妙文字的启迪下，我们加深了对生命的理解，明白了热爱生命的重要性。让我们从现在开始，更加珍视生命、热爱生命，努力过好每一天，使自己的生命焕发光彩。最后，让我以罗曼·罗兰的名言来结束本课的内容——"世界上只有一种英雄主义，那就是了解生命而且热爱生命的人"。

六、作业

课下阅读蒙田《随笔集》。

七、板书设计（略）

人是一根能思想的苇草

> **学习目标**
> 理解作品关于"人是能思想的苇草"这一哲学命题的深刻内涵。

一、创设情境,导入新课

一撇一捺写成"人"字,"人"字的构成很简单,"人"字的含义呢?在西方哲学家帕斯卡尔的眼中,人是能思想的苇草,帕斯卡尔为什么要把人比作能思想的苇草呢?今天,我们就一同走入文本去探讨,去感悟。

二、初读文章,整体感知

思考问题:

1."人是能思想的苇草"概括了人怎样的特点?

明确:人如同苇草一样脆弱,渺小,但同时人又是有思想的,又是伟大的。

2.文章的核心观点是什么?

明确:"思想形成人的伟大。"

三、再读文章，合作探究

请阅读文章，或分享自己的感悟，或寻找自己认为经典的句子，或找出自己疑惑的语句，分小组探讨。

哲学没有"标准答案"，而哲学的魅力也在于此，帕斯卡尔说："思想形成人的伟大。"这伟大不是模板，而是独立思考和百花齐放。

预设：1."思想形成人的伟大。"

明确：（1）人是渺小的：力量弱小，生命短暂。

（2）人的思想是伟大的：思想能够让渺小的人认识自己，思想能够让渺小的人认识这个世界，思想能够让渺小的人改变这个世界，思想能够让渺小的人创造这个世界。

（3）这极致的渺小和极致的伟大都存在于同样的苇草——人类之中。思想让本来渺小的人类变得伟大而高贵。

2."我们全部的尊严就在于思想。"人生而为人的依据是什么？

明确：思想。思想铸就人类存在的价值。而这个存在的价值让人类在宇宙万物之中昂起骄傲的头颅，拥有了尊严。

3."这就是道德的原则。"

明确：我把"道德的原则"理解为一个事物有没有发挥它应有的价值。这和我们平时说的"好人好事"的道德是不同的。或许这是宇宙的道德，而不是人类的道德——是否体现你的价值。

4."由于思想，我却囊括了宇宙。"

明确："我躺在床上，将思想放牧远方。"思想不仅可以到达宇宙的任意一个角落，还可以到达过去与未来，甚至还可以借由幻想，到达宇宙中根本没有的地方。将思想放牧远方，我们发现，宇宙在我们脚下。

四、再读文本，展开思考

再读文本，写下你的思考和感悟，一句话也可，两句话也可。你可以只说说你的随感，对现实的思考，你甚至可以质疑帕斯卡尔……因为思考本身，就是一件伟大的事情。

示例： 1. 帕斯卡尔是伟大的人物，他的伟大源自于他的思想。也许很多人都会思考，而帕斯卡尔的这种思考是可怕的，因为他洞察了人类的一切行径。

2. 帕斯卡尔告诉了我们这样一个道理：一个人如果没有带着思想去生活，那么，他只能是活着，而不是生活，更不可能有富有意义的人生。

3. 芦苇是自然界最脆弱的东西，人也是，所不同的是人类会思考。现在我们的这种本事越来越失去作用。

4. 当你仰慕帕斯卡尔到以其为天父、先知时，恰恰是背离了他的思想，变成了"一根不能思想的苇草"，或者更乐观些，是"一根只能奴性思想的苇草"。

5. 芦苇是会被压伤的，思想也是会被周围的环境所影响的。

五、教师总结

文化论著真难读，哲思意蕴在其中。细品言中言外意，文化涵养日渐丰。衷心希望同学们在吸取大家智慧的基础上，多思多想，也成为思想伟大的人。

六、作业

阅读帕斯卡尔《思想录》。

七、板书设计（略）

信 条

> **学习目标**
> 1. 把握论著的主要观点和基本倾向。
> 2. 了解用以支撑观点的关键材料。

一、创设情境，导入新课

曾经有人问一位诺贝尔奖获得者："您是在哪里学到您认为最重要的东西的？"那位老人平静地回答："是幼儿园。"我想，那位诺贝尔奖获得者，并不是哗众取宠，他只是想告诉我们要返璞归真，因为美国当代作家富尔格姆也是这样告诉我们的。现在，我们一起来看看富尔格姆的信条（守信的准则，认真遵循的准则）。

二、初读文本，整体感知

1. 概括文章主旨，这篇文章主要阐明了什么道理？

明确："我真正需要知道的一切，即怎样生活，怎样做事和怎样为人，我在幼儿园就学过。"

2. 作者在文中强调了什么？

明确：强调人与人之间要团结，要互相关爱，要有集体精神。

3. 作者列出这些最基本的信条有什么意义？

明确：（1）人们在生活中，实际上只需要遵守那些最基本的原则，而这些最基本的原则在幼儿园就学过。

（2）当你们出门到世界上去走走，最好还是手拉手，紧挨一起（人与人之间要团结，要相互关心，要有集体精神）。

（3）这些信条告诉我们怎样生活，怎样做事和怎样做人。这些信条贴近真实、清晰明了、坚实可靠，可以适用于家庭、工作和社会。

三、再读文本，体悟探究

1. 自读课文，画出那些对你感触比较深的信条，你有怎样的感悟？

（1）有东西大家分享，惹了别人你就说声对不起，别忘了那个"看"字。

明确：因为在生活中需要自己去观察、体会，观察之中可以发现自己的不足，并能改善自己的不足，能更好地认识别人和自己。

（2）吃东西之前要洗手，便后冲洗。

明确：这一点是一个人的生活习惯，健康是最重要的。

（3）收拾好你自己的一摊子。

明确：因为每个人的行为看似与其他的人无关，其实社会就像张大网，人只是其中的一个网点，人与人之间的关系非常密切。一个人的行为可能会影响到周围很大的范围。就像一个比较早的事件，某大学生投毒案。在我们看来，大学生的思想境界应该很高，可是，他为什么会有这种念头呢？为什么会有这种冲动去杀人呢？因为同学之间的那种攀比，在他心里产生了很强的忌妒。在同学的刺激下，他自己觉得好像什么都不如人，这样他才会有那种冲动，才会去杀人。所以说收拾自己的摊子，就是自我约束，约束好自己的行为。

（4）过一种平衡的生活——学一些东西，想一些东西，逗逗乐儿、画画画儿、唱唱歌儿、跳跳舞，玩玩游戏，外加每天干点活儿。

明确：学一些东西来丰富自己的生活，可以更多地了解外面的世界，要过属于自己的生活。

2. 作者列出这些最基本的信条有什么意义？

明确：人们常说，真理是朴素的；又说，世界上最难的事情，就是用最简明的语言表达最复杂的道理。对于应该怎样生活、怎样做事和怎样做人，在当代社会生活中越来越没有固定的衡量标准，使一般人难以把握、望而生畏。作者却把复杂问题简单化，而且讲得机智、幽默，充满温情，容易为人们所接受。正如文章中所说，这些信条"贴近真实，清晰明了并且坚实可靠"，便于大家信心十足地去实践，并获得成功。

3. 最后，作者强调十六条中的哪一条？

明确：当你们出门到世界上去走走，最好还是手拉手，紧挨一起。

强调：人与人之间要团结，要相互关心，要有集体精神。

四、延伸拓展，提升思维

说一说自己的信条。

示例：

1. 用宽容的心面对这个世界，对他人的宽容就是对自己的施舍。

解析：现在好多人都是用放大镜看别人的问题，实际上有些是很微不足道的，如果用宽容的心去看待的话，这些都算不了什么。

2. 答应别人的事要尽量做到最好。

解析：在社会交往中，你首先要对别人诚信，才能得到别人的尊重。

五、教师总结

罗伯特·富尔格姆是美国当代作家、哲学家。当人们问他"你是干什么的"，他通常都回答说他是个哲学家，然后他解释说，他喜欢干的事，是多多地想些平常琐事，再把他所想到的表达出来。

六、作业

完成课后"研讨与练习三"。

七、板书设计（略）

廉颇蔺相如列传

> **学习目标**
> 学习本文通过典型事例刻画人物性格的方法。

一、创设情境，导入新课

上节课我们对本文重点的文言词语及文言句式进行了梳理，本节课我们重点讨论运用典型事例和细节刻画人物性格的方法。

二、具体研习，分析人物性格

请同学们自读"完璧归赵"这一情节，看看作者是如何通过典型的事例和细节来刻画蔺相如这一人物形象的。

明确：

完璧归赵
{
　出场：蔺相如是在赵国两难的形势下出场的，显示蔺相如化"两难"为两全的"智勇"
　出使秦国
　{
　　第一个回合：献璧与取璧
　　第二个回合：归璧于赵
　　第三个回合：廷斥秦王
　}
}

{
　秦王和蔺相如的处事态度：秦得璧则轻狂不已；蔺相如不动声色把璧取回
　秦王得璧与失璧前后的变化：前是轻狂，后是惊慌蔺相如取璧前后神态变化：取前不动声色，取后怒发冲冠
}

相如大智大勇
{
　直接描写：语言、动作、神态
　间接描写：用秦王衬托相如
}

三、拓展延伸，能力提升

本情节我们认识了一个大智大勇的蔺相如，蔺相如的形象不是平面的，而是立体的。请同学们借助刚完成的学习，来深入认识渑池之会、刎颈之交，让他的形象丰满、立体起来吧。

渑池会上：反应敏捷，不畏强暴，维护国家的尊严。

刎颈之交：识大体，顾大局，忍让为国。

四、合作探究，难点突破

1. 蔺相如这一形象的刻画，反映了作者什么样的态度？

明确： 司马迁怀着满腔的热情刻画了蔺相如这一人物形象，对其机智、勇敢、大度、克制、忠正，表示了极大的钦佩和仰慕之情。反映了作者反对强权政治的思想，体现了作者不拘一格、唯才是举的人才观念。

2. 廉颇、蔺相如是赵国著名的将相，他们的历史事迹很多，但司马迁为什么仅选择"完璧归赵""渑池之会"和"将相和"这三个历史事件来写呢？

明确： 首先，在同一篇文章中，同时为两人作传，必须找准结合点才能够一笔写两面。其次，正面写蔺相如随赵王赴会，针锋相对地同秦王进行斗争，

挫败秦王以维护赵国的尊严；侧面写廉颇陈兵边境，严阵以待。两个人一文一武维护着赵国的安全，意味深长。最后，虽同时为两人作传，但不平均用力，如对蔺相如采取了详写，对廉颇则略写。三个历史事件，"完璧归赵"着重写蔺相如不辱使命，朝廷上折服秦王；"渑池之会""廉蔺交欢"亦主要突出蔺相如的言行、举止、活动，只是在最后才以寥寥数笔写廉颇的幡然悔悟、负荆请罪。

五、教师总结

我们这节课分析了蔺相如的人物形象。随着情节的发展我们认识了深明大义，以国家的前途为重、私人恩怨为轻，爱国忘私的蔺相如，他智勇双全、爱国忠心。在语文学习上，我们掌握了刻画人物的方法，大家可以学以致用，课下用本节课学到的方法，分析并归纳廉颇的人物形象。

六、作业

运用所学知识分析廉颇这一人物形象。

七、板书设计

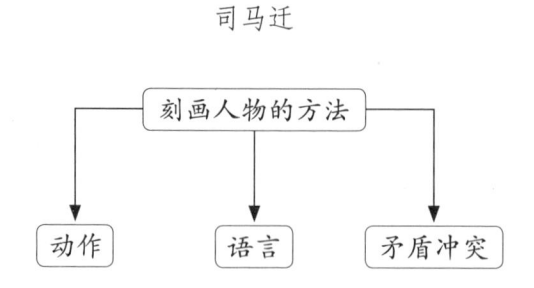

廉颇蔺相如列传

司马迁

刻画人物的方法
├── 动作
├── 语言
└── 矛盾冲突

苏武传

> **学习目标**
> 分析归纳苏武的人物形象及精神特质。

一、创设情境，导入新课

上节课我们对《苏武传》的重点的虚实词及文言句式进行了梳理，本节课我们重点探讨苏武的人物形象及精神特质。

二、整体阅读，梳理主要故事情节

明确：重点写苏武出使匈奴这19年的艰辛经历。

具体情节：自杀，反劝降，北海牧羊。

三、具体研习，分析归纳苏武的形象及精神特质

1. 在情节发展中梳理人物形象。

自杀情节：

（1）如何理解苏武的两次自杀。

①欲自杀：事如此，此必及我，见犯乃死，重负国。

②屈节辱命，虽生，何面目以归汉？

明确：自杀理由，核心词：重负国，屈节辱命。

（2）从这两个理由看到苏武什么品格？

明确：忠贞不渝，事事为国着想。

（3）他这一行为，产生了什么反响？

明确：卫律惊，惠等哭，单于壮其节（忠贞）。

反劝降情节：

卫律的劝降分为三步：①恐吓：杀虞常、降张胜、吓苏武。②威逼：欲加之罪，何患无辞→副有罪、当相坐。③利诱：武不动，不愿→坚定

当这次劝降不成功的时候又用幽和徙→从精神上摧垮

问：苏武在被幽和徙之前，曾两度自杀，现在却想方设法活下去，这是否矛盾？

明确：不矛盾。第一次一旦审讯，会给国家带来耻辱；第二次是为了杀身息祸，为国雪耻。但幽、徙是为了消灭他的意志，所以苏武采取的反抗方式也由求死到求生，再到证明汉使气节不可辱。

北海牧羊情节：

最能体现他的气节的一句话：杖汉节牧羊，卧起操持，节旄尽落，坚忍。

初步总结苏武的人物性格：忠君爱国、威武不屈、贫贱不移、忠贞不渝、坚韧不拔等。

2. 从细节描写入手，深入挖掘人物的性格特征。

（1）文章并不具体描述苏武的每一事迹，而是有详有略，比如文章对卫律和李陵劝降的部分就描写得特别详细。作者为什么要这样处理？用意是什么？

明确：卫律和李陵对苏武的劝降是最能表现苏武的气节的，所谓"真金不怕火炼"，面对威逼利诱，面对死亡威胁，多少所谓的英雄好汉都经受不住考验而变节投降，唯有苏武始终信念如磐石般坚定，宁死不屈，忠贞不渝。

（2）让学生仔细研读卫律和李陵对苏武劝降这部分内容。

①让学生分角色朗读，体会人物个性化的语言。

②让学生分别总结卫律、李陵的性格特征，再次感受苏武的人格魅力。（分组讨论、探究、总结）

明确：卫律：卖国求荣，阴险狡诈，气焰嚣张，不可一世。

苏武：为国效命，忠贞不贰，不卑不亢，一身正气，光明磊落，忠贞不渝，坚韧不拔，无怨无悔。

李陵：叛国，懦弱，意志不坚，矛盾，痛苦。

四、合作探究，突破难点

小组合作，讨论苏武的功过得失和价值意义。

1. 什么是真正值得提倡的忠诚？也就是说，要忠诚于明君（因为明君善治国），而非昏君。而那些不分黑白，一味盲目服从君主，为君主作无谓的牺牲的行为我们称之为"愚忠"，那么你认为苏武的忠诚是愚忠吗？

2. 前段时间，国家教育部对高中历史教科书的教学大纲进行修改，其中备受争议的是如下一段文字：中国历史上的民族战争，是国内民族之间的战争，是兄弟阋墙，家里打架，有正义与非正义的区别，不宜有侵略和反侵略的提法……对于岳飞、文天祥这样的杰出人物，我们虽然也肯定他们在反对民族掠夺和民族压迫当中的作用与地位，但并不称之为民族英雄。按照教学大纲的说法，苏武也不能称为民族英雄。对此，你有怎样的认识？

五、教师总结

通过这节课的学习，我们重点分析了各种人物特别是苏武的性格特征，我们为这样一个有血有肉、不卑不亢、忠贞不渝的苏武而深深感动着。以国家的利益为先，在各种人物的对比映衬下，我们看到了一个丰满立体的苏武，他有清醒的外交意识，待人接物不卑不亢，面对威逼利诱，坚贞不屈，长达十九年守节坚韧不拔。苏武的这些性格在那些或屈或降的人物的对比下，更加具有人格魅力，千古流芳！

六、作业

完成课后"研讨与练习三"。

七、板书设计

苏武传
班　固

情节	人物形象	方法
自杀	忠贞不渝　事事为国着想	语言
反劝降	忠君爱国　威武不屈	细节
北海牧羊	贫贱不移　忠贞不渝	衬托

张衡传

> **学习目标**
> 1. 筛选并整合文本信息，概括张衡各方面的成就。
> 2. 学习张衡从容淡静、勤勉谦虚等优秀品质，并形成一定深度的思考与判断。

一、创设情境，导入新课

今天老师带领同学们认识的这个人，是我国东汉的学者张衡。1900年前，当人们都还在茫然中打量这个世界时，张衡就已经将自己的足迹踏遍了他所能触及的所有的文明巅峰。

他是文学家，二京大赋，气势恢宏；他是书画家，东汉四家，上有其名；他是发明家，浑天地动，构造奇精；他是地理学家，地形图表，泽被后世；他更是天文学家，洞观天象，拨正视听。他可谓是上知天文，下晓地理，中通人事，无所不精。他为什么能取得如此大的成就？今天，我们就来跟随历史学家范晔，走进《后汉书·张衡传》，解读他的精彩人生。

二、自读文本，整体感知

读课文：全文是从哪几个方面来写张衡的？重点记叙的是什么？

明确：（1）高尚品德和文学成就（第 1 段）。

（2）科学成就（第 2～4 段）。

（3）政治才干（第 5～6 段）。

科学成就是本文记叙的重点，而"候风地动仪"的介绍又是重点中的重点。张衡一生有多方面的才能和成就，而他在科技方面的才能和制造方面的才能最为突出，理应成为重点。

三、再读文本，合作探究

1.张衡的高尚品德是什么？联系上下文说一说，何以见得"才高于世"？其"从容淡静"又表现在哪些方面？

明确： 才高表现在：善属文，善机巧，善术学，善政治。

高尚品德表现在：虽才高于世，而无骄尚之情，从容淡静→不荣世俗的虚荣（举孝廉不行，不慕当世→大将军"累召不应"）。

品行端正，忧国忧民→作《二京赋》讽谏王侯，整治法度，收擒奸佞。

小结： 我们读名人的传记，不仅仅是为了知道他们的生平事迹，更重要的是在了解这些伟人的过程中探寻他们的精神世界，从而汲取智慧和力量。张衡的成功绝不是偶然的，也绝不仅仅是因为他天资聪颖。苏轼曾说："古今成大事者，不惟有超世之才，亦必有坚忍不拔之志。"一个人成就的取得一定离不开性格和精神的引领。所谓性格决定命运。

2.从张衡的生平事迹、成就中，你能看出他有怎样的性格呢？请同学们再次研读课文，结合文章内容谈谈自己的理解。大家可以相互交流。

明确： 从容淡静，不慕名利，勤勉谦虚，心细严谨，果敢机智。

四、拓展研究，能力提升

1. 思考：张衡在各个方面都有比较高的成就，这对我们有何启示？

明确：（1）广泛学习，全面发展。（2）不要骄傲自满。（3）不慕名利，潜心治学。

2. 张衡成功的性格因素有很多，你有哪些感悟呢？请同学们联系生活或自身，就其中一点谈谈想法。

五、教师总结

同学们从不同方面谈了自己的理解和感悟。可以看出，大家都在用心品味着张衡带给我们的触动。张衡身上有诸多值得我们汲取的优秀品质，不过我认为，他的从容淡静是值得仰视的。但这种淡静不是要无所作为，而是淡泊明志、心无旁骛地向理想前进，有了这份淡静，才有了张衡孜孜不倦的追求，硕果累累的成就。也许是受了张衡的影响吧，陶渊明有"采菊东篱下"的悠然轻灵，苏东坡有"一蓑烟雨任平生"的旷达潇洒，沈从文有洗尽浮华的优雅淡定，钱钟书有荣辱悲欢前的坦然寂静。他们也因了这份从容淡静,成为大成就者。也许，喧嚣中我们总是浮躁难安，纷杂里我们往往迷失本性，那就尽力让心变得恬淡一些，将一切的得失，一切的诱惑视作过眼烟云，用那颗最纯真的心去聆听梦想的声音，诗意前行。

六、作业

整理归纳本篇的文言现象。

七、板书设计（略）

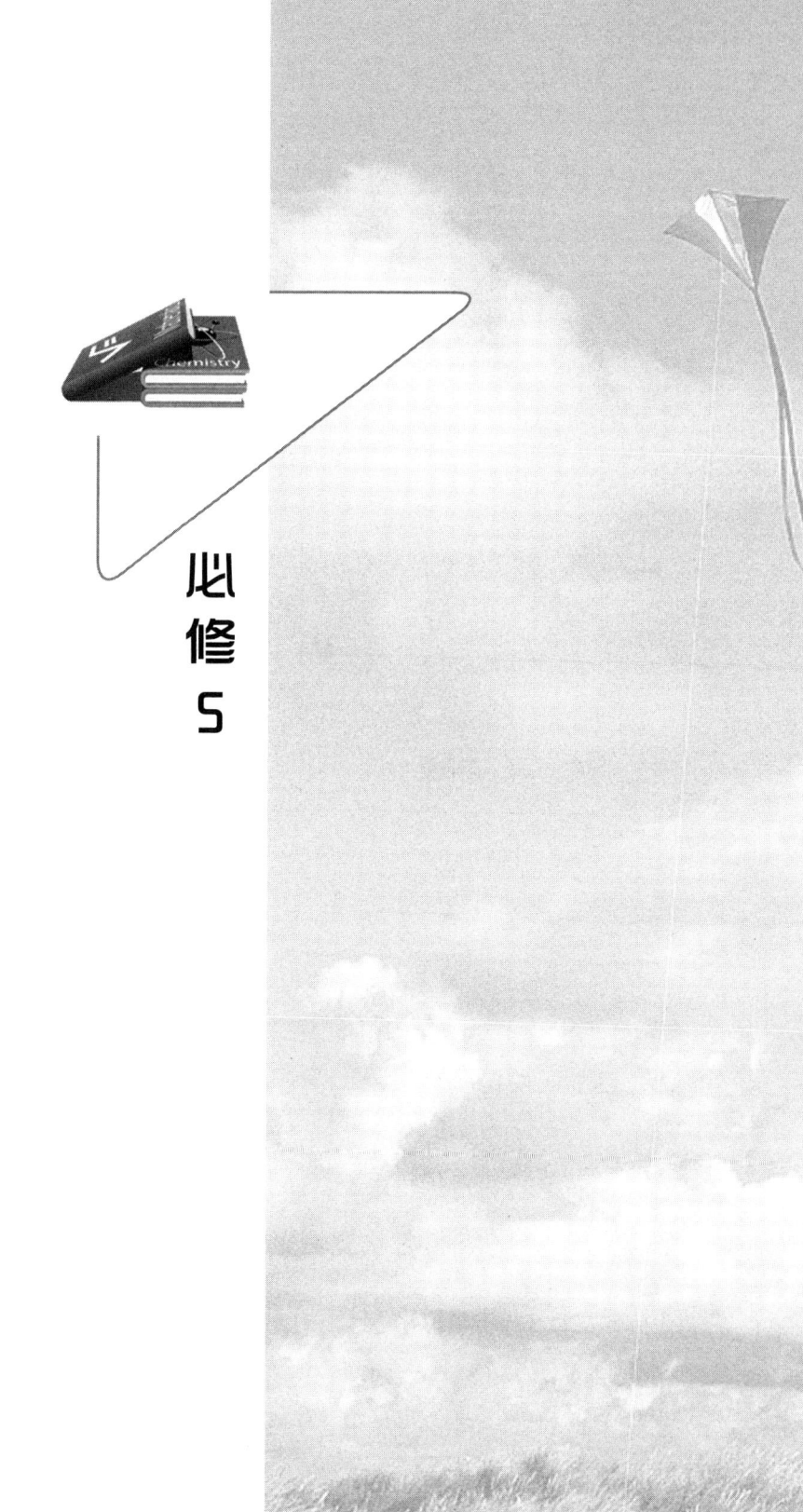

必修
5

林教头风雪山神庙

> **学习目标**
> 在情节发展过程中认识林冲性格的转变及转变的意义。

一、创设情境，导入新课

金圣叹评《水浒》时说：《水浒》写一百零八个人，性格真是一百零八样。按照金圣叹的说法，林冲自然也与众不同，那么林冲有什么样的性格呢？是一成不变呢，还是随着情节的发展而变化呢？今天这节课我们就一起探究林冲性格的转变及其意义。

二、自读课文，梳理情节

明确： 沧州遇故旧—买刀寻仇敌—接管草料场—山神庙复仇。

三、研读文本，分析林冲性格发展变化

在整个情节发展过程中，看林冲性格的发展变化。

1. 沧州遇故旧（开端）

（1）此部分插叙林冲和李小二相识经历及叙写林冲和李小二的对话在情

上的作用是什么？

明确：①交代主要人物、事情起因。②点明林冲与高俅的尖锐矛盾。③说明林、李亲密关系，留下李小二感恩图报的伏笔。④表现林冲的善良。

（2）林冲被高俅陷害，仍称仇人为"高太尉"，并对李小二"坦言"，自己是"罪囚"，体现了林冲怎样的性格特点？

明确：对诬陷自己的人不气愤、痛恨，还恭敬地称作"高太尉"，甚至认为是自己冒犯了他才受了官司。这既表现了林冲的善良安分，也表现了他忍受屈辱、性格软弱的一面。

2. 买刀寻仇敌（发展）

听说陆虞候又来害自己，林冲有哪些表现？这表明他有怎样的性格？

（1）大惊——马上意识到"那泼贱贼"是要来害自己。

（2）气愤——休要撞着我，只叫他骨肉为泥！

（3）复仇——上街买刀，带在身上，团团寻了一日。

（4）松懈——街上寻了三五日，不见动静，就"自心下慢"。

小结：刚猛激烈，疾恶如仇，反抗不坚决，委曲求全。

对仇人有所怀疑，内心被蒙蔽，失去了应有的警惕性。

3. 接管草料场（发展）

陆虞候等人对林冲的迫害并没有停止，派林冲看守草料场本是这伙人的诡计，想置林冲于死地。林冲是什么态度？表现了他的什么性格？

（1）心有疑虑——却不害我，倒与我好差使，正不知何意？

（2）听从安排——辞别小二，暂消疑虑。

（3）打算安稳过冬——待雪晴了，去城中唤个泥水匠来修理。

（4）祈求庇佑——买酒途经山神庙时，还祈求"神明庇佑"。

小结：委曲求全，逆来顺受，随遇而安。

4. 山神庙复仇（高潮）

（1）林冲由幻想安度刑期到奋起反抗斗争，这个思想性格的转变是怎样完成的？先看出门买酒的一段细节描写：

"将火炭盖了,取毡笠子戴上,拿了钥匙,出来,把草厅门拽上;出到大门首,把两扇草场门反拽上锁了,带了钥匙,信步投东……"

小结:细心缜密。

分析:"将火炭盖了"——希望平安,不再出意外。

"拿了钥匙","带了钥匙"——深信世界的大门会随时为他而开,让他栖身。

"反拽上锁了"——呵护现有一切,抱残守缺。

买酒回来,发现草料厅被雪压倒了,又有一段细节描写——"放下花枪、葫芦在雪里;……把被卷了,花枪挑着酒葫芦,依旧把门拽上,锁了,望那庙里来。"

(2)林冲进了山神庙,"入得庙门,再把门掩上。旁边止有一块大石头,掇将过来靠了门",作者为什么要描写这么一个细节?

明确:①伏笔,为下文"用手推门,却被石头靠住了"埋下了伏笔,陆虞候等人只好站在庙外边看火边说话,林冲躲在庙内听得一清二楚,知道了事情的真相,完成了性格上的重大转变。

②继续写性格。一个临时栖身地,他都有一种恭敬、一种小心。

(3)"再穿了白布衫,系了搭膊,把毡笠子带上,将葫芦里冷酒都吃尽了,被子与葫芦都丢了不要,提了枪,便出庙门投东去。"

明确:结尾一句,绝地反击,奋起反抗——撞破天罗归水浒,掀开地网上梁山,由任人宰割的草民,变成横行江湖的英雄。他们不但掌握了自己的命运,还在相当程度上影响了他人的命运,甚至国家的命运。

四、合作探究,谈林冲性格转变的意义

明确:高俅:抢老婆　　配远刺　　谋性命　　逼

　　　　林冲:忍　　　　再忍　　　忍无可忍　　反

分析:林冲是北宋京城八十万禁军教头,有一定的社会地位。像林冲这样的人尚且无法维持安定生活,广大的劳动群众更是痛苦不堪,这就说明了北宋王朝的黑暗腐败。

林冲性格的转变关键是一个"逼"字。正是由于封建统治阶级残害人民，人民群众才不得不进行反抗斗争，这表明了封建社会受压迫者反抗的必然性。"官逼民反"，林冲就是体现这个主题的典型例子。

五、教师总结

本篇课文，在结构上是处处设伏，前后照应，可谓天衣无缝，拿金圣叹的话说就是"草蛇灰线"，一以贯之！情节上层层起伏，水到渠成！而在人物形象上，林冲由安于现状到奋起反抗，完全是被一步步逼出来的，在那样的一种社会环境下，官府黑暗，陷害忠良，怎么会有林冲的好日子过呢？本来他有一个幸福的家庭，但是却被百般地陷害和破坏，最后导致家破人亡。"是可忍，孰不可忍。"最后终被逼得无家可归而走上梁山。

六、作业

从《水浒传》中挑选一个人物，阅读有关的章节，探究官逼民反的主题。

七、板书设计

林教头风雪山神庙

施耐庵

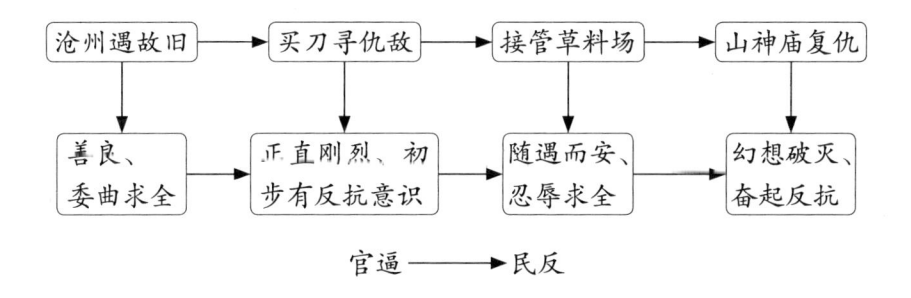

沧州遇故旧 → 买刀寻仇敌 → 接管草料场 → 山神庙复仇

善良、委曲求全　　正直刚烈、初步有反抗意识　　随遇而安、忍辱求全　　幻想破灭、奋起反抗

官逼 ——→ 民反

装在套子里的人

> **学习目标**
> 把握人物形象，理解人物形象的现实意义。

一、创设情境，导入新课

小说对人物形象的塑造是传达作品思想内容、表达作品思想情感的重要途径，如阿Q、祥林嫂等一个个鲜活的形象，我们应该感谢这些形象带给我们对现实生活的一次次沉重的思考。今天，就让我们一起走进世界名作《装在套子里的人》，再来结识一位特殊的人物别里科夫。

二、自读课文，感"套中人"

主人公别里科夫有哪些怪异的行为？别里科夫有着怎样的典型性格？文中运用了哪些写人的方法？

明确：封闭、怀旧、胆小、多疑、害怕新生事物……
语言、肖像描写。

三、再读课文，解"套中人"

小说中的典型人物均有典型的语言,如祥林嫂、阿Q、孔乙己、哈姆莱特等。这些典型语言揭示人物性格,那么别里科夫有着怎样的典型语言?表现了他怎样的心理?

明确：套中人的典型语言是"千万别闹出什么乱子",表现了他封闭、怀旧、胆小、多疑、害怕新生事物的心理。

四、品读课文，析"套中人"

1. 人物形象的塑造必须符合人物性格的特点。例如,鲁迅《药》中突出描写了华老栓的手,"老栓慌忙摸出洋钱,抖抖地想交给他……"通过对手的刻画揭示他此刻的复杂心理；在《祝福》中多次刻画祥林嫂的眼睛,通过对眼睛的传神刻画,充分展现祥林嫂的悲苦生活及不幸命运。那么契诃夫刻画别里科夫的传神之笔又是什么?

思考归纳：脸色。

2. 小说中多次刻画别里科夫的脸色变化,最能表现别里科夫心理变化的是哪几次?在脸色变化中揭示了别里科夫怎样的心理变化?

讨论归纳：

漫画事件——脸色发青
骑车事件——脸色发白　　畏惧新事物的程度逐渐加深
冲突事件——脸色苍白

3. 那么能不能把对别里科夫脸色的刻画换成对他眼睛的刻画?

（小组讨论，合作探究，交流答案，多元解读）

示例：（1）不能。眼睛是心灵的窗户,他僵死的心灵早已把这扇窗户关闭。

（2）能。由别里科夫性格决定,他的眼神也应是胆怯,多疑,呆滞,无神……可从这些角度描写。

4. 别里科夫在华连卡的笑声中倒下了，别里科夫的死是他杀还是自杀？你怎样看待别里科夫的死？

预设：既是受害者又是害人者。专制制度毒害了他，他又是专制制度的维护者。

五、回读课文，悟"套中人"

1. 我们回头再看文章的题目，你怎样理解题目中的"套子"，还仅仅是雨衣、雨鞋以及别里科夫所教的古代语言吗？若不是"套子"又是什么呢？

明确：不是，"套子"应该是保守、顽固、腐朽、专制、禁锢的思想或制度。

小结：别里科夫就是被这一重重"套子"束缚，走向了人生的结局。但是，别里科夫这个世界文学史上著名的典型形象，至今还鲜活地存在于人们的印象之中，想必定有其深远的现实意义。

2. 请问同学们，他的那些"套子"能给我们带来什么启示呢？

明确：人都是生活在"套子"当中的，不论你是否察觉到。我们把别里科夫称为"套中人"，只不过是他的"套子"过于明显罢了。他的"套子"是社会所施加的，于人于己都必须要承受并忍受它的迫害，从这个意义来讲，我们都可以把自己视为"套中人"，我们生活在现实生活中，有许多"套子"将我们套住。比如贫穷是一种"套子"，有一个故事，当记者问及山里放羊的孩子们的理想时，他们说将羊养大了卖钱。有钱了之后呢？娶媳妇。接着呢？生孩子。再然后呢？等孩子长大后教他们放羊。贫穷使他们的思想滞后，使他们失去了受教育的机会，使他们整日生活在其祖辈生活的固定模式当中，不亦悲乎？

但中国古代还有一种思想叫安贫乐道。陶渊明放弃了官位而选择隐居山林，正是放弃了荣华富贵而选择了贫穷，因为官场中的"套子"更加让他受不了。所以，"套子"在生活中固然存在，但我们可以选择用怎样的心态去面对它，虽然我们无法去掉这些"套子"，但我们可以设法减轻"套子"对我们的影响。

六、教师总结

  顽固、保守，不仅仅是别里科夫反对新事物、反对进步的"套子"，也可能成为生活在今天的我们反对新事物、反对进步的"套子"。人是很容易满足的，满足于已经取得的点滴成绩，满足于眼下比较舒适安逸的生活，于是不再努力奋斗、不再积极进取，"满足"便成了一种"套子"。不仅自己深受其害，而且还无情地嘲笑甚至阻止他人的进步，成为个人、社会前进的绊脚石。其实，在现实中，骄傲是一种"套子"，虚荣也是一种"套子"，嫉妒是"套子"，自私也是"套子"。我们只有根除自身的陋习、驱除心中的邪念，才可能摆脱"套子"的束缚，走向灿烂辉煌的人生。

七、作业

完成课后"研讨与练习三"。

八、板书设计

装在套子里的人
契诃夫

人物	形象	方法	现实意义
别里科夫	封闭怀旧	语言	根除自身的陋习
	胆小多疑	外貌	驱除心中的邪念

边 城

> **学习目标**
>
> 探究小说主旨。

一、创设情境，导入新课

借用网络流行语言："世界这么大，我想去看看。"

二、初读课文，整体感知

1. 梳理情节。

明确：第3节：边城紧锣密鼓筹备龙舟赛（眼前的端午节）。

第4节：两年前翠翠巧遇傩送（两年前的端午节）。

第5节：一年前翠翠巧遇大老天宝（一年前的端午节）。

第6节：渡口边迎婚送亲撩拨情思（眼前的端午节）。

2. 《边城》是一支湘西山村生活的牧歌，是真挚、热烈的爱情的赞歌，是用小说形式写成的天韵之符。认真读完文本，这篇小说给你最大的感觉是什么？

明确：美。

本文美在何处？

风景美

　　风俗美

　　人性美：{ 祖孙情：祖父—翠翠
　　　　　　 爱情：翠翠—傩送
　　　　　　 友情：祖父—老朋友、顺顺、渡河人

三、课堂互动，探究文本

1. 风景美：豆绿色的水，天气明朗，落日薄雾、白云。

小结：豆绿色——象征纯洁、原始和无污染。青水碧天、落日白云构成一幅色彩明丽的风景画，边城的美不仅美在自然风景上，还美在风俗美和人性美。

2. 风俗美：风俗美具体表现在哪些方面？请同学们结合文章谈一谈。

明确：端午：龙舟赛、捉鸭子比赛。

　　　　中秋：月下对歌。

　　　　过年：狮子、龙灯、放烟花。

3. 这些习俗透露出边城人怎样的生活氛围？

明确：突出的都是一个"和"字，所以这里的人民"莫不安分乐生"。这种氛围和《桃花源记》诗意生活相类似。这就是边城人民独特的生活环境。

4. 人性美：在作者的笔下，主要写了哪几个人？

明确：翠翠、爷爷、傩送，从语言、动作、神态来探究边城的人性美。分析翠翠与傩送。

5. 翠翠对傩送的印象有没有变化？在课文中是怎样体现的？

明确：在她知道是二老派人送她回家时，"翠翠想起自己先前骂人那句话，心里又吃惊又害羞，再也不说什么，默默地随了那火把走去"。"吃惊"的是傩送对自己不但不记仇，还派人把自己送回去；"害羞"，十三岁的翠翠，得到陌生男子的照顾，心里面还是有几分羞涩、几分难为情的。"但是另外一件事，属于自己不关祖父的，却使翠翠沉默了一个夜晚。"

小结：翠翠：单纯，孝顺，美丽、善良、活泼可爱、情窦初开

　　　　傩送：关心别人、古道热肠

爷爷与渡河人：关爱至亲、勤劳朴素、善良纯朴、重义轻利

四、拓展深化，探究主题

作者想通过美丽而充满爱的边城，告诉我们什么？

学生把作者想要表达的情感的关键词写在本子上，展示自己探究的关键词，全班共同讨论。

补充：我要表现的本是一种"人生的形式"，一种"优美健康而又不悖乎人性的人生形式"（沈从文）。

解题：边城，即边地的小城，指远离城市的边远小镇。从时间、文化上考虑，"边城"处于大城市的腐朽生活和"庸俗小气自私市侩"的风气的对立面，代表了沈从文对其故乡未完全被现代物质文明摧毁的淳朴民风的怀念。

讨论归纳：

小说主旨 {
赞美：边城生活的质朴、纯真及人与人之间纯洁的爱
批判：物欲泛滥的现代文明，金钱主义的浅薄庸俗和腐化堕落的现实
呼吁：重建民族的美好品德与人格
}

五、教师总结

《边城》是沈从文理想人生的缩影，是他远离边城而做于都市的梦，生活过的、记忆中的山山水水正是沈从文漂泊流浪的最后家园，是其最温暖的心灵寄托。他笔下所表达的游子对自然的渴望与回归，满怀深情地描摹的熟悉的田园风光，是一幅美丽的画，一首感人的诗。作家笔下的灵山秀水其实是心灵与生命的栖息地，也正是沈从文为自己设置的最后的真正精神家园。中国现代文学拥有一种悲怆的底蕴，自然世界充当作家心灵的折射，更多地呈现出了历史的沉重。

六、作业

阅读《边城》整本书。

七、板书设计

边城

沈从文

风景美 ⎫
风俗美 ⎬ 美 ⎧ 赞美
人性美 ⎭   ⎨ 批判
              ⎩ 呼吁

归去来兮辞(并序)

> **学习目标**
> 1. 理清全文的行文脉络。
> 2. 梳理作者归去的情感变化。

一、创设情境,导入新课

我们与东晋大诗人陶渊明虽未曾谋面,但通过其作品却早已熟识,同学们学过他的哪些作品?今天我们再学习一篇他的文章《归去来兮辞(并序)》。

二、初读文本,整体感知

1.阅读小序,了解陶渊明辞官归隐的原因有哪些。

明确:(1)"质性自然,非矫厉所得"。

(2)"饥冻虽切,违己交病"。

(3)程氏妹丧于武昌,需去奔丧。

2.本文各段所写内容及作者的心情。

明确:第一段,辞官及辞官的理由:自责、自悔。

第二段,归途→抵家→居家生活→涉园→自得其乐。

第三段，外出→纵情山水→安度余年。

第四段，抒发对人生宇宙的感慨→乐夫天命。

三、再读文本，理解文意

1. 在第一段，作者是怎样申述"归去来兮"的缘由的？

明确：开头一句，开门见山地喊出久郁心中之志。"归去来兮，田园将芜胡不归？"俨然抒发一口闷气，顿觉自在坦荡、轻松畅快。最后的反问，表明其志已决，不容置疑，不犹豫。接下来，说明归隐的原因。"心为形役"，为衣食所迫而出来做官，既如此，那就没有什么惆怅悲伤的了，表明其心情很轻松。过去的事情无法追悔，未来的日子是可以自我掌握的。违心的官场日子即将结束，未来的顺心的生活即将开始，那就按照自我的意志遂心遂意地生活下去。过去是"迷途"，昨日是"非"，那么今天的抉择就是"是"，是正确的。迷途未远，悔悟与庆幸之情溢于言表！

2. 第二段写归家路途的轻快与归家后的情状，可分几个层次？营造了怎样的境界？

明确：该段可以分三层，这一段由路途写到家门，由家门到居室，再由居室到庭院。表面写景，实际抒怀，营造了一个与官场截然相反的、旷达悠然的、美妙和谐的境界。

3. 第三段在结构上起什么作用？

明确：承上启下。

4. 第四段抒发了怎样的感想？你如何理解这种思想？

明确：抒发"乐天安命"的情怀。含三层：前一层紧承上文"百生之行休"而自问，这是一种委婉的表达方式，有领起下文的作用。下面两层是作者自答，"富贵"两句从反面作答，重在说"富贵"而以"帝乡"为陪衬，中间四句从正面作答，用形象化的手段表明自己畅然自足于隐居生活，最后上升到哲理的高度，点出"乐天安命"的思想，卒章显志。

这是一种直率的抒发，是一种复杂的感慨，是一种包含正反感受的深刻的体验。作者并没有自命清高，而是直抒胸臆。

四、合作互动，深入探究

1. 找出全文含有一定寓义的景物描写，并说说寓义何在。

预设：（1）"松菊犹存"或有寓意，似说坚贞的节操仍在。

（2）"出岫之云""倦飞之鸟"，印证做官本来无心。

（3）"景翳翳以将入，抚孤松而盘桓。"表达对田园的留恋。

2. 请你从情感和语言两个方面谈谈对本文艺术风格方面的理解。

明确： 平淡自然、清远潇洒的风格特征。

（1）情感（情托于物，情寓于景）：旷达的心胸、洒脱的风度和高洁的志趣。

（2）"景翳翳以将入，抚孤松而盘桓。"表达对田园的留恋。

（3）叙事、议论、抒情巧妙结合，创造出生动自然、引人入胜的艺术境界。

（4）语言：①自然朴素，洗尽铅华。（具有清新脱俗、淡雅如菊的气质）②音节和谐，辞意畅达，情趣自然。

五、教师总结

《归去来兮辞》是陶渊明辞官归隐之际与上流社会公开决裂的政治宣言。文章以绝大篇幅写了他脱离官场的无限喜悦之情，回家归隐田园的无限乐趣，表现了作者对大自然和隐居生活的向往和热爱。

六、作业

背诵并默写本文。

七、板书设计

归去来兮辞（并序）
陶渊明

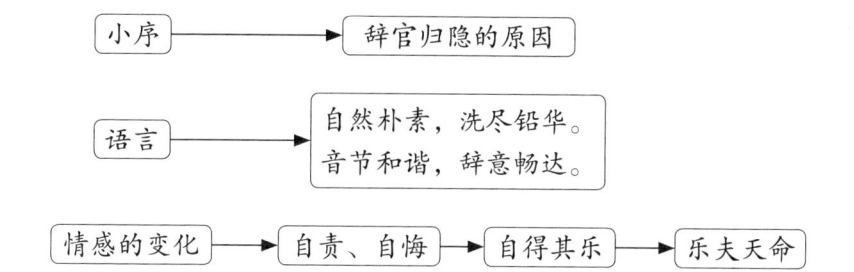

小序 → 辞官归隐的原因

语言 → 自然朴素，洗尽铅华。音节和谐，辞意畅达。

情感的变化 → 自责、自悔 → 自得其乐 → 乐夫天命

滕王阁序

> **学习目标**
> 品读其美景，赏析其真情。

一、创设情境，导入新课

今古几重阳，依然天高地迥，东南一都会，正是彩彻区明。王勃兴来，诗文题阁楼，一序占千秋；我辈登览，乐趣寄山水，三江抒豪情。这节课让我们跟随唐初四杰之一的王勃，一起登滕王阁，品读其美景，赏析其真情。

二、整体阅读，自主探究

1. 请同学们自读课文，体会作者情感的变化，并用文中的一句话来概括。

明确：兴→悲，兴尽悲来，识盈虚之有数。

2. 作者因何而"兴"？

明确：良辰、美景、赏心、乐事。

3. 赏美景。

明确：本文"美"在何处？

哪些句子最能打动你
- 色彩变化之美
  - 层峦耸翠，青雀黄龙
  - 飞阁流丹，彩彻区明
- 远近变化之美
  - 鹤汀凫渚，桂殿兰宫
  - 原旷其盈视，川泽纡其骇瞩
- 上下之美：上出重霄，下临无地
  - 落霞与孤鹜齐飞
  - 秋水共长天一色
- 虚实相衬之美：雁阵惊寒，声断衡阳之浦

三、再读文本，合作探究

探寻"美"情。"兴尽悲来"确实是全文的重要线索，但是，这种悲是不是他心中最根本的情感呢？如果不是，那又是什么？

我们先来研读第4、5两段，看看作者抒发了哪些人生感叹，请简要概括并用原句印证。

明确：

（1）天高地迥，觉宇宙之无穷；兴尽悲来，识盈虚之有数。（宇宙无穷，个人渺小之悲）

小结：对自然的感慨。

（2）关山难越，谁悲失路之人？萍水相逢，尽是他乡之客。（一问一答，答非所问，流露出怀才不遇的心绪，充满了自我悲伤的情调。）

（3）怀帝阍而不见，奉宣室以何年。（直抒胸臆，坦言心怀，写自己报国无门，济世无路，言辞哀婉，情意绵绵）

（4）老当益壮，宁移白首之心？穷且益坚，不坠青云之志。（抒发作者对人生理想的坚定信念）

（5）北海虽赊，扶摇可接；东隅已逝，桑榆非晚。（表现出不甘沉沦的豪情壮志）

（6）孟尝高洁，空余报国之情；阮籍猖狂，岂效穷途之哭！（以微讥孟尝，非议阮籍，来反衬自己意志坚定）

小结：对人生的感慨。

四、深剖细析，难点突破

1. 高阁宴饮，良辰美景，胜友如云，高朋满座，本是"四美俱，二难并"，为何还"兴尽悲来"？

提示：其一，"乐极生悲"的情结，盛宴胜友，美景良辰，极乐之聚集，乐极易生悲，有胜地不常、盛筵难再之悲。

其二，体悟天地之大，感叹人生无常之悲。"天高地迥，觉宇宙之无穷；兴尽悲来，识盈虚之有数。"处天地苍茫、宇宙广漠无穷中，对人生短暂、生命转瞬即逝的叹惋和无奈。

其三，怀才不遇的身世之悲。王勃才华早露，仕途坎坷，十四岁举幽素科，授朝散郎，做沛王府修撰，因戏为《檄英王鸡》被逐出王府，后擅杀官奴当诛，遇赦免死，其父也受累贬为交趾令。高阁胜宴，触景生情，引发了身世之悲："望长安于日下，目吴会于云间。""地势极而南溟深，天柱高而北辰远。""怀帝阍而不见，奉宣室以何年？"在低回反复中抒发了他空有才华无处施展，心怀明君却不逢时的壮志难酬的悲叹。

2. "老当益壮，宁移白首之心？穷且益坚，不坠青云之志。"这是王勃身处困窘却不甘沉沦的慷慨悲歌，反映了他理想的人生境界，表现了他积极用世的情怀，这与"舍簪笏于百龄，奉晨昏于万里"是否矛盾？谈谈你的看法。

预设：（1）作者悲悯古人，实是自况，以此抒发怀才不遇。王勃虽有才华，但壮志难酬，在残酷的现实面前，一介书生的力量是渺小微弱的。他面对现实又不甘沉沦，虽然不为官去侍奉父亲，但志向不灭，在失望中希望，在失落中追求，在困厄中超越。

（2）"老当益壮，宁移白首之心？穷且益坚，不坠青云之志。"这是沉默中的爆发，奏出了士大夫阶层的人生价值：愈挫愈坚，矢志不渝，穷且弥坚的高尚情操。但我们又分明听到了他在现实面前的沉重叹息，与其说这是王勃的壮怀豪情，不如说是知识分子在理想家园与现实人生间的彷徨。言辞的矛盾是作者内心矛盾的外化。

五、课堂小结

　　文天祥说："痛定思痛，痛何如哉？"王勃"兴尽悲来"，但"悲极"之后却不是"更悲"，而是"困之弥坚"，就好像苏轼在《赤壁赋》中一样，"悲"极之后是释然，是豁达。

　　自古以来，中国知识分子身处困境却坚持不改变自己的理想与情操，这既是他们精神的支柱，又是他们人格魅力出彩之处，正是这一批人撑起了中国的脊梁。让我们满怀对王勃、对中国知识分子的敬意，齐声朗读课文第4、5段。

六、作业

　　背诵并默写本文。

七、板书设计

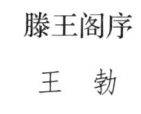

滕王阁序

王　勃

兴←—美景、乐事、良辰、赏心

命运多舛　人生苦短　　　　时运不济　壮志难酬

悲←——真情

逍遥游

> **学习目标**
> 1. 梳理文章的思路。
> 2. 探究对逍遥游的理解。

一、创设情境，导入新课

"开宗不了'逍遥'字，空读南华三十篇"，可见"逍遥"是庄子思想的精髓之所在。那么，什么是逍遥游？怎样才能达到逍遥之境？这是解读本文的一个切入口。下面我们就随着水击三千，抟扶摇而上九万里的大鹏，走进庄子超凡脱俗的精神世界。

二、初读课文，整体感知

1. 疏通字词。

2. 思考：什么是逍遥游？

明确："逍遥"是安闲自在的样子；"逍遥游"就是自由自在、无拘无束地活动，但不是为所欲为。

三、再读全文，理解"逍遥游"

1. 第1段中写了哪几种事物？作者对这些事物的感情倾向是否一致？作者写这些事物的目的何在？

鲲鹏　　　　赞美
杯水芥舟　　　　　　　}　目的：世间万物有所待
蜩与学鸠（嘲讽、贬斥）

2. 第2段具体写了哪些内容？和第1段有何联系？

明确：朝菌、蟪蛄为小年。冥灵、大椿为大年。

联系：点明了大小年之辩，归纳上文，补充印证。

3. 第3段写出哪几类人？用意是什么？

明确：知效一官，行比一乡。

德合一君，而征一国。

宋荣子，列子。

用意：皆有所待，都不是真正的逍遥。

4. 怎么理解"有所待就不自由（逍遥）"？

明确：（1）有所待就是有所依靠，难免受制于人，而不得自由。庄子"宁曳尾于涂中"，便是虽然生活得卑贱，可思想上是自由的。

（2）经济上独立也很重要，端人饭碗受人管呢。你看现在有很多自由职业者，目的就是追求自由。

（3）这句话还可以理解为：幸福不是你拥有的多，而是你计较的少。有一天，俄国作家索洛古勃来看望列夫·托尔斯泰，说："您真幸福，您所爱的一切您都有了。"列夫·托尔斯泰说："不，我并不拥有我所爱的一切，只是我所有的一切都是我所爱的。"

5. 作者认为什么样的人才是逍遥自在的人？

点拨：若夫乘天地之正，而御六气之辩，以游无穷者，彼且恶乎待哉？

四、合作互动，突破难点

1. 大鹏不是"去以六月息者也"，也有所待吗？庄子为什么描绘大鹏，赞美大鹏？

明确：（1）大鹏虽是作者钟情的对象，但也有凭靠，也不能完全自由。但毕竟超世脱俗，鹤立鸡群。因此作者以大鹏为自由独立之精神的化身。

（2）也许作者在才能无双，向往逍遥却又无法逍遥的大鹏形象里，正隐藏着自己难言的苦情，雄伟的大鹏形象所体现的正是作者欲飞的理想和无法飞走的悲哀。

2. 什么是"至人无己，神人无功，圣人无名"？

点拨：至人、神人、圣人都是庄子认定的理想人格。无己，是忘我的意思。古人讲物我一体，不分彼此。庄子曾做一梦，梦见自己变成了一只蝴蝶，梦醒不知是庄周梦见自己变成了蝴蝶，还是蝴蝶梦见自己变成了庄周。这是一种至人无己。人类已经由崇拜自然，征服自然，改造自然，觉悟到人在自然中，理应与自然和谐相处的道理。离开自然，人类就失去了家园。联系自身，忘我就是多为别人着想，不求自己的益处。君子有成人之美。

无功，不追求建功立业。唐诗有句"一将功成万骨枯"。把自己的成功建立在别人的痛苦之上，神人不为也。

无名，不沽名钓誉，名利皆如浮云。乾隆皇帝下江南，看见运河上船来船往，热闹异常，问：来来往往这么多船都在忙什么？纪晓岚答曰：这船无非两只，一只为名，二只为利。名利名利，名还排在利的前面。道家认为名缰利锁羁绊人。所以诸葛亮讲非淡泊无以明志，非宁静无以致远。联系自身，要耐得住寂寞，但问耕耘，莫问收获。功到自然成。

五、教师总结

本文的主旨是追求一种"无所待"的精神自由的逍遥境界，即顺应万物的本性，悠然自在，适心任性，达到物我一体的精神上的绝对自由。

庄子认为，世上万物都受到限制，社会上的人被生死、寿夭、得失、荣辱、贵贱所牵累，没有自由可言，其原因在于"有己"，"有己"则"有待"，只有做到"无己"才能进而达到"无功""无名"。

庄子的哲学其实就是人生哲学。在庄子看来，"有待"和"无待"意味着人生的两个层面，物质形体的活动总是有待的，而无形的精神活动可以是无待的。人生世间，难免神为形累，心为物役，应该通过"无用""无己"的"道德"修养，使精神突破有待的束缚，从自我中提升一级，达到无待的自由。

六、作业

背诵全文。

七、板书设计

逍遥游
庄　子

$\left.\begin{array}{l}\text{鲲鹏　赞美}\\\text{杯水芥舟}\\\text{蜩与学鸠（嘲讽、贬斥）}\end{array}\right\}$世间万物有所待

$\left.\begin{array}{l}\text{知效一官，行比一乡}\\\text{德合一君，而征一国}\end{array}\right\}$皆有所待，都不是真正的逍遥

真正的逍遥游：若夫乘天地之正，而御六气之辩，以游无穷者

陈情表

> **学习目标**
> 1. 分析作者是如何说服晋武帝的。
> 2. 鉴赏文章融情于事、情理交融的特点。

一、创设情境，导入新课

人言读《出师表》不哭者不忠，读《陈情表》不哭者不孝。千百年来，人们把《出师表》当成了忠的标准，把《陈情表》当成了孝的典范，可见李密的《陈情表》具有强烈的感人力量。

二、初读文本，整体感知

理解"为何陈情"，陈了哪些情？

1.请用文中的语言回答：他是在什么样的处境下陈情的？想要达到什么样的目的？

明确：陈情之境："欲奉诏奔驰，则刘病日笃；欲苟顺私情，则告诉不许。臣之进退，实为狼狈。"

所陈目的："愿乞终养。""听臣微志，庶刘侥幸，保卒余年。"

2.陈了哪些情？

明确：孝情（第1段）。

忠情（第2段）。

苦情（第3段）。

三、合作探究，研读"如何陈情"

1.既然李密"愿乞终养"，想请皇上同意自己的辞官请求，为什么没有在第1段中直接表达这样一种愿望，而是曲折迂回地从自己幼年的经历写起？他又是用哪些语句来具体表现的？

（1）为什么从自己的经历写起？

明确：动之以情。

（2）那么李密在第1段中通过哪些语句表现自己的悲苦经历的？

明确："生孩六月，慈父见背；行年四岁，舅夺母志。祖母刘悯臣孤弱，躬亲抚养。臣少多疾病，九岁不行，零丁孤苦，至于成立。"

第1段中，李密的幼年经历重在突出他的孤弱，进而突出他和祖母生死相依、血肉相连的情感；成年经历重在突出无人侍亲，所以自己责无旁贷、不能废远。他想以此来打动晋武帝。

（3）祖母情深似海，圣上恩重如山，在这样一个两难的境地，李密是被动的，言辞稍有不慎，不仅达不到陈情的目的，反而会招来杀身之祸。李密是如何变被动为主动，提出区区不能废远的要求的？

明确：一是表达心迹，"本图宦达，不矜名节"，消除晋武帝疑虑。二是"宠命优渥，岂敢盘桓"，让武帝明白自己的忠心。最后用一幅祖母病笃图打动武帝，让武帝明白，他不能出任唯一的原因是祖母病重，从而提出不能废远的要求。

如果李密仅仅想用情来打动晋武帝的话，也许晋武帝会稍动恻隐之心，而这种恻隐之心很快就会从搞政治的阴险多疑的晋武帝心中溜走。你尽孝但不能不尽忠，自古说"忠孝不能两全"，舍孝而全忠！李密用以陈情的第二手就是"晓之以理"——"喻之以孝道之大义"。

2. 请大家默读第3、4段，找出说理的语句并体会所要表达的道理。

明确：说理的句子：①圣朝以孝治天下，凡在故老，犹蒙矜育，况臣孤苦，特为尤甚。

②少仕伪朝，历职郎署，本图宦达，不矜名节。今臣亡国贱俘，至微至陋，过蒙拔擢，宠命优渥，岂敢盘桓，有所希冀。

③臣密今年四十有四，祖母今年九十有六，是臣尽节于陛下之日长，报养刘之日短也。

所要表达的道理：尽孝之日短，尽忠之日长。

3. 陈情结果。

文章写完了，我们也读完了。我们再来设想一下，皇上看完文章会不会同意李密辞官，在家奉养祖母？（学生讨论，并作回答）

教师小结：（1）皇上也是人，并非铁石心肠，李密如此感人的陈情，应该可以打动他。（2）多次征召，表现出自己求贤若渴，笼络人心的目的已达到。（3）"圣朝以孝治天下"，树立李密这一典范，更好地在全国推行"孝道"。（4）准许李密的请求，显示出作为皇上的宽容大度。更何况李密已经做出承诺："生当陨首，死当结草。"当然，这只是情理之中的推想。现在我们来看看历史上的晋武帝是如何批复的。

《晋书·李密传》中记载，帝览之（《陈情表》）曰：士之有名，不虚然哉。乃停诏。

四、拓展延伸，感悟"孝"

假如你也处于忠孝两难的境地，你会如何解决这一问题？

学生讨论，自由发言。

小结：我们每个人都应该胸怀壮志，但也应该注重亲情，珍视身边的点滴美好！在当代就有人将"忠"与"孝"完美结合起来，感动了整个中国。（读"感动中国"颁奖词）

五、教师总结

跨越千年的沧桑，孝仍然是我们中华民族的根基和脊梁，仍然是支撑我们一路前行的重要力量。孝心其实就是一条河，上游是我们的长辈，中游是我们自己，下游是我们的后代。伸出双手，攥紧两端，让孝心之河长流不息！

六、作业

以"我读《陈情表》"为话题，写一篇600字的读后感。

七、板书设计（略）

咬文嚼字

> **学习目标**
>
> 1. 理清写作思路。
> 2. 把握作者观点。

一、创设情境,导入新课

同学们,"咬文嚼字"的意思是什么?(过分地斟酌字句,多指死抠字眼而不领会精神实质)看起来"咬文嚼字"有些贬义,那么朱光潜为什么会用它来作为自己的观点?一定有他的道理,请同学们自读课文,说说作者是如何阐述自己的观点的。

二、整体阅读,自主探究

1.在文中作者赋予"咬文嚼字"什么新的含义?作者的观点是什么?

明确:新的含义:咬文嚼字在表面上像只是斟酌文字的分量,实际上是调整思想和情感。

观点:在文学方面,无论阅读或写作,我们必须有一字不肯放松的谨严。

2.为了论证这个观点,作者选了哪些例子?

明确：（1）郭沫若改字。（2）王若虚改《史记》。（3）贾岛推敲。（4）苏轼《惠》诗。（5）套板反应。

三、再读课文，深剖细析

1. 郭沫若改字，论证什么？

明确： 句式不一样，感情的表达也不一样。

2. 王若虚改《史记》，论证什么？

明确： 改过之后确实更简洁了，但却少了意味，字数不同，意味不同。

3. 贾岛"推敲"，论证什么？

明确： 无论用哪个字，好像都有道理，其实就在于不同的字表现的意境不同，每个字所蕴含的意境只要是合乎情况的都可以。

小结： 以上作者从句式、繁简、字眼三个角度阐述了咬文嚼字的重要性，举例说明文字和思想的密切关系。总的来说，他是想告诉我们语言要和思想情感的表达结合起来，在写作的时候一定要注意。以上三个例子有成功，有失败，他们的评判标准都是一样的，即是否符合作者的思想感情。

4. 苏轼《惠》诗，论证什么？

明确： 说的是有关联想意义。

5. 套板反应，论证什么？

明确： 作者的观点，反对套板反应，因背离了创新，引不起新鲜而真切的情趣。

总结： 一正一反，说明咬文嚼字还应有创新，合理运用联想意义。通过举例对比，作者提出无论是文字修改，还是使用联想意义，都要寻求思想情感和语言精练的吻合，这样才会达到艺术的完美。

四、合作互动，"咬文嚼字"

1. 春风又到（绿）江南岸。

明确： "绿"较之"到"写活了江南的勃勃生机，又流露出喜悦、兴奋的心情。

2. 红杏枝头春意浓（闹）。

明确：这一"闹"字，不仅形容出红杏的众多和纷繁，而且使我们联想到杏花盛开的枝头蜂飞蝶舞的生动景象，把生机勃勃的大好春光全都点染出来了。

3.有三位作家聚在一起吃饭。甲说："吃在中国。"乙说："在中国吃。"丙则长叹曰："在吃中国。"体会这三个人所说的话的不同意味。

明确："吃在中国"，饮食文化在中国。"在中国吃"，想吃美食，到中国去！"在吃中国"，是动宾短语，作家感叹吃喝风的盛行，挥霍国家财富，造成浪费，吃穷了中国，针砭深刻！可见短语变序，就产生了不同的含义。这就是我们要"咬文嚼字"的原因。

五、教师总结

无论你要讲什么，真正能够表现它的句子只有一个，真正适用的动词和形容词也只有一个，就是那最准确的一句、最准确的一个动词和形容词。其他类似的却很多，而你必须把这唯一的句子、唯一的动词、唯一的形容词找出来。

六、作业

研讨与练习二，你对朱光潜与马南邨的不同见解有什么看法？写一篇200字的体会。

七、板书设计

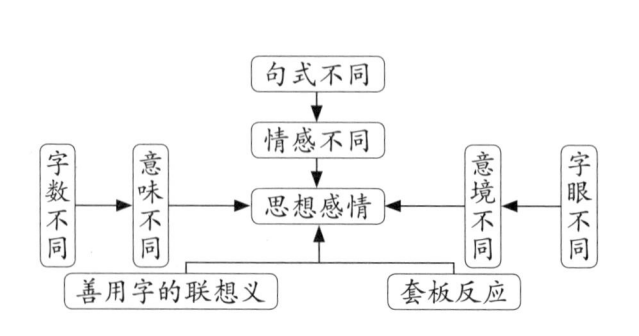

咬文嚼字

朱光潜

```
                    ┌──────┐
                    │句式不同│
                    └───┬──┘
                        ↓
                    ┌──────┐
                    │情感不同│
                    └───┬──┘
┌────┐ ┌────┐         ↓          ┌────┐ ┌────┐
│字数│ │意味│    ┌────────┐    │意境│ │字眼│
│不同│→│不同│→  │思想感情│  ←│不同│←│不同│
└────┘ └────┘    └────────┘    └────┘ └────┘
          ↑           ↑
     ┌─────────┐  ┌────────┐
     │善用字的联想义│  │套板反应│
     └─────────┘  └────────┘
```

说"木叶"

> **学习目标**
>
> 1. 理清文章思路。
> 2. 了解中国古典诗歌语言暗示性的特点,提高鉴赏诗歌能力。

一、创设情境,导入新课

师生共同背诵《登高》,问:请想象其中的名句"无边落木萧萧下,不尽长江滚滚来"描摹了一幅怎样的画面,是不是说漫天的木头从天而降呢?

就是漫天的落叶萧萧下。这样看来,"落木"就是飘落的树叶,作者为什么要用"落木"?这个问题我们还是请林庚先生给我们解释吧。

二、自读文本,理清思路

明确:

(1)发现问题(第1~3段):"木叶"为古代诗人所钟爱。

(2)分析问题(第4~6段):分析"木"的两个艺术特征。

(3)总结全文(第7段):艺术领域,一字之差,相差千里。

三、合作探究，品味"木"的丰富意蕴

1.区分：木与树，概括"木"的第一个艺术特征。

明确：

木：没有活力，枯黄的，树叶落尽
树：有生命力，翠绿的，枝繁叶茂
⎱艺术特征⎰ → "木"比树显得更单纯，它仿佛本身就含有一个落叶的因素

2.为什么在中国古典诗词中，"木"暗示了"落叶"？

明确："木"具有"木头""木料""木板"的影子，让人更多地想起树干，把叶排斥到木的疏朗之外。

3.区分："树叶"与"木叶"，概括"木"的第二个艺术特征。

明确：

树叶：绵密、饱满
木叶：疏朗、空阔
⎱ 一字之差，"木"与"树"在概念上是相去无几，艺术领域是一字千里

第二个特征，落叶的微黄，干燥之感，它带来了有疏朗观感的清秋的信息。

4.思考：本文仅仅是为了介绍"木叶"的艺术特征吗？写"木叶"的真正目的何在？

明确：是为了阐述诗歌的语言富有暗示性。

四、学以致用，鉴赏诗歌

1.诗歌语言具有暗示性，一个词往往能暗示出作者的思想追求或者情感态度，我们一起看看下面这些诗句能暗示出诗人什么样的思想追求或者情感态度。

此夜曲中闻折柳，何人不起故园情？——李白《春夜洛城闻笛》

乱花渐欲迷人眼，浅草才能没马蹄。——白居易《钱塘湖春行》

人有悲欢离合，月有阴晴圆缺。——苏轼《水调歌头》

东篱把酒黄昏后，有暗香盈袖。——李清照《醉花阴》

2.品析：今宵酒醒何处？杨柳岸，晓风残月。

明确：杨柳、风、残月三件最能触动离愁的事物集为一幅画，勾起离人对

往事的回忆，深感眼前的孤单，并渴望团聚，言有尽而意无穷。又让这幅画出现在"酒醒"之后，让离人产生了浓烈的"举杯消愁愁更愁"之感，昨日离别情景历历在目，眼前凄清景象，前路"千里烟波"却还须前行，离心爱的人更远，真是"离愁渐远渐无穷，迢迢不断如春水"。而"晓风残月"写出别后心境的凄凉冷落，"杨柳"则更添愁思。

小结：诗的语言具有暗示性，我们要知诗读诗，悟诗品诗，诗意地学习和生活。

五、教师总结

《说"木叶"》一文从"木叶"出发，以浅显易懂的语言以及丰富的诗句，诠释了"诗歌语言具有暗示性"的深奥道理，让学生在体悟诗歌魅力的基础上，提高鉴赏诗歌的能力。

六、作业

在我国诗歌中，"梅""柳"都具有暗示性，请找一首含有此意象的诗歌进行赏析。

七、板书设计（略）

谈中国诗

> **学习目标**
> 1. 了解中国诗与西洋诗的异同。
> 2. 归纳中国诗的特点。

一、创设情境，导入新课

中国文学最高成就是诗歌。中国文人从遥远的《楚辞》时代走来，经历了建安时代的苍凉，经历了盛唐的繁华，留下了许多的诗歌。那么中国诗有什么样的特点？我们就听听学贯中西的钱钟书先生是怎样说的。

二、初读课文，整体感知

1. 作者论诗的立场是什么？

明确： 比较文学。

2. 中西诗有什么异同？（画出讲述中国诗特点、西洋诗特点的句子）

明确：

谈中国诗 { 比较文学之观点 {
- 特点一 诗史 { 西：史诗—戏剧诗—抒情诗 / 中：抒情诗—戏剧诗（无史诗） } 异
- 特点二 篇幅 { 西：诗的篇幅愈短愈妙 / 中：文艺欣赏里的闪电战，平均不过两三分钟 长诗也只是声韵里面的轻鸢剪掠 } 同
- 特点三 韵味 { 西：听不见的音乐更美 / 中：言有尽而意无穷 } 同
- 特点四 风格 { 西：有拔木转石的兽力和惊天动地的神威 / 中：笔力轻淡，词气安和 } 异
- 特点五 内容 { 西：中西诗不但内容相同，并且作风也往往暗合 / 中：中国诗跟西洋诗在内容上无甚差异 } 同
}}

三、再读课文，归纳总结

1.通过比较，归纳出中国诗的特点。

（1）没有史诗（诗的发展）。

（2）简短（诗的篇幅）。

（3）富于暗示性（诗的韵味）。

（4）笔力轻淡，词气安和（诗的风格），社交诗多，宗教诗几乎没有（诗的内容）。

2.比较得出结论：虽有具体特征的差别，但本质是相同的。

四、回读文本，深入探究

请从文中找出令人印象深刻的比喻句，说说它们的含义和表达作用。

1."中国人的心地里，没有地心吸力那回事，一跳就高升上去。梵文的《百喻经》说一个印度愚人要住三层楼而不许匠人造底下两层，中国的艺术和思想体构，往往是飘飘凌云的空中楼阁，这因为中国人聪明，流毒无穷的聪明。"

明确：这句话有两层意思，一是借梵文的《百喻经》阐释中国的艺术和思想体构上的缺欠，旨在批评；二是点明造成这种缺欠的根本原因。作者以此作喻，批评中国的艺术和思想体构缺乏严密的逻辑性，往往脱离客观实际，没有坚实的基础，其结果必定影响艺术的健康、稳定发展。这个批评是相当尖锐的，比喻中透出了强烈的讽刺意味。句中"聪明"一词是反语，是没有掌握艺术创作规律，只凭臆断从事的思想方法。所谓的"聪明"不过是自欺欺人。"流毒无穷的聪明"，一针见血地指出了上述思想方法的危害——错误的东西长期得不到批评、抵制，反倒堂而皇之地沿传下去，贻害无穷。

2．"中国诗是文艺欣赏里的闪电战。""中国长诗也只是声韵里面的轻鸢剪掠。""闪电战""轻鸢剪掠"指的是什么？

明确："闪电战""轻鸢剪掠"都比喻中国诗短，可以一会儿读完。

3．"我愿意换个说法，说这是一种怀孕的静默。"

明确："怀孕的静默"喻中国诗"言有尽而意无穷"，"状难写之景，如在目前；含不尽之意，见于言外"。

4．可是中国诗的"比重"确低于西洋诗；好比蛛丝网之于钢丝网。西洋诗的音调像乐队合奏，而中国诗的音调比较单薄，只像吹着芦管。

明确：这一连串的比喻，使人很直观地了解了作者要阐明的"中国诗笔力轻淡"这一观点。

5．"并且是谈话，不是演讲，像良心的声音又静又细。"

明确：此句的"谈话""演讲"分别比喻中国诗的斯文和西洋诗的狂放。"像良心的声音"这个比喻充分写出了中国诗无声胜有声的特点。

五、教师总结

钱钟书被誉为中国的"文化昆仑"。他在《谈中国诗》中论中国诗的特点及与外国诗的异同时，深入浅出，旁征博引，幽默风趣，妙语连珠，提出了一系列高明的见解。钱钟书之所以有如此大的成就，是因为他"是位能欣赏外国诗的中国读者"，能够"'超以象外，得其环中'，有着居高临远的观点"。我们想要成就一番事业，就应该博览群书，励志广学。

六、作业

请借鉴本文立足比较的方法，选取某个角度对中国传统文化加以比较欣赏，写一篇400字左右的小论文。

七、板书设计（略）

中国建筑的特征

> **学习目标**
> 1. 了解中国建筑的基本特征,培养学生善于提炼关键信息的能力。
> 2. 理清基本特征部分的结构层次,掌握文本的行文思路。

一、创设情境,导入新课

中国是一个历史悠久、文化灿烂的国家,不仅拥有巍峨的高山、秀美的河流,还有数不尽的名胜古迹、雄伟的古代建筑。这些古老的建筑闪烁着中国人民的智慧和勤劳的光芒,它们究竟有何特色呢?今天,我们就来学习梁思成的文章《中国建筑的特征》,从中我们一定能得出答案。

二、初读文本,整体感知

1. 从本文的题目"中国建筑的特征"来看,本文的重点是什么?

明确:特征。

2. 中国建筑的特征是什么呢?作者是从哪些方面写中国建筑的特征的?(要求:抓关键词语)

明确:(1)立体构成

单个建筑一般由台基、房屋本身和屋顶三个主要部分构成。

（2）平面布置

一所房子由一个建筑群落组成，左右呈轴线对称，主要房屋朝南，有户外空间。

（3）结构方法

木材结构，以木材做立柱和横梁的框架结构。

（4）斗拱

用以减少立柱和横梁交接处的剪力，还具有装饰作用。

（5）举折、举架

形成屋顶的斜坡或曲面。

（6）屋顶的装饰作用

"如鸟斯革，如翚斯飞""翘起如翼"的屋顶是我们民族的骄傲。

（7）屋身颜色的选择——朱红

（8）构件的装饰作用

构件露头，所有构件交接部分都大半露出并加工成装饰部分。

（9）建筑材料的装饰

大量使用有色琉璃砖瓦，尽量利用各色油漆的装饰潜力。

小结：

中国建筑的基本特征概括为九点。这九点可以概括为以下三个方面：

（1）~（2）总体特征　（3）~（5）结构体系　（6）~（9）外观装饰

三、再读课文，合作探究

1. 以上九点特征中，你认为哪些特征是详写的？我们能否按照先详后略之排列方式重新排列？

明确： 重点说明的特征有：

（2）平面布置，表现出中国院落文化的特色；

（3）结构方法，体现了中国建筑结构体系的特殊性；

（4）斗拱，是"中国建筑中最显著的特征之一"；

（6）屋顶，斜坡飞檐是中国建筑的典型形象；

（7）色彩，大胆使用朱红和彩绘成为中国建筑鲜明的特色。

不行，因为说明顺序是由整体到局部。

2. 基本特征部分的说明结构。

（1）整体特征；（2）结构特征；（3）装饰特征→整体到局部。

由总到分。

3. 请问，第（4）个和第（3）个基本特征的顺序可以互换吗？

明确：不能。从第（3）个基本特征开始，说明的是建筑的木质结构，第（3）个讲的是梁架，第（4）个讲的是斗拱，虽是并列关系，却又有先后顺序。由此可见，一篇文章首先要考虑谋篇布局。

4. 怎样理解作者提出的"中国建筑的'文法'"？

明确：这是一种比喻的说法，借此说明中国建筑的风格和手法。

所谓"中国建筑的'文法'"，是中国建筑几千年来形成并沿用的惯例法式，从建筑框架，到整体构成，从台基到屋顶，都有一定之规，有它的"拘束性"，但也有它的"灵活性"，体现在具体的建筑上，既表现出中国建筑的一贯风格，也具有独特的个性。

5. 怎样理解作者提出的各民族建筑之间的"可译性"？

明确：这也是以"语言和文学"为喻。各民族建筑的功用或主要性能是一致的，有相通性，但表现出来的形式却有很大不同，恰似不同民族的语言，表达同一个意思，语言形式却不相同。所谓的"可译性"，是指各民族建筑在实质上有"同一性质"，可以透过其纷繁多样的表现形式解读出来。

语言和文学：可译性，可以互相翻译，同一个意思可以用不同的语言形式来表达。

建筑学：各民族建筑的功用或主要性能是一致的，有相通性，但表现出来的形式有很大不同。

四、三读文本，品析语言

结合上下文，说说下列句子运用比喻的表达效果。

1. 这些地区的建筑和中国中心地区的建筑，或是同属于一个体系，或是大同小异，如弟兄之同属于一家的关系。

明确：以弟兄关系来比喻中国周边国家的建筑与中国中心地区的建筑的关系，形象地说明了它们属于一个系统（大家庭），从而可见中国建筑的影响力之大已超出了国家的界限。

2. 两柱之间也常用墙壁，但墙壁并不负重，只是像"帷幕"一样，用以隔断内外，或划分内部空间而已。

明确：以"帷幕"比喻墙壁，形象生动地说明了中国建筑中墙壁的作用："隔断内外"，"划分内部空间"，而不担负承重的任务。

3. 建筑的"文章"也可因不同的命题，有"大文章"或"小品"。"大文章"如宫殿、庙宇等等；"小品"如山亭、水榭、一轩、一楼。

明确：以"文章"比喻建筑，用"大文章"比喻宏大壮观的建筑，用"小品"比喻小巧别致的建筑，让读者利用对文章大小的感觉经验，来体会建筑规模大小的不同。

五、教师总结

世界在发展，我们要不断发展创新中国建筑的风格和手法。但是，我们也不能摒弃富有民族特色的古建筑，毕竟民族的才是世界的。

六、作业

以"红色革命圣地——小延安"为题，写篇向网友介绍竹沟革命烈士陵园的说明文。

七、板书设计

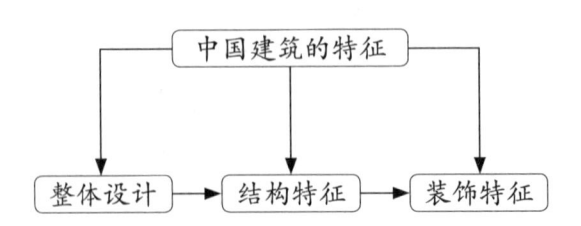

中国建筑的特征
梁思成

```
        ┌──── 中国建筑的特征 ────┐
        ↓         ↓            ↓
    [整体设计] → [结构特征] → [装饰特征]
```

作为生物的社会

> **学习目标**
> 引导学生了解作者的观点（利用圈、点、勾、画的方法）。

一、创设情境，导入新课

（出示蚂蚁搬家、蜜蜂跳舞的视频）同学们，蚂蚁、蜜蜂在干什么？是谁组织它们的？有什么秘密吗？生物的社会和人类社会一样吗？带着这一连串的疑问，我们一起走进刘易斯·托马斯的《作为生物的社会》，从中探寻问题答案。

二、整体阅读，自主探究（利用圈、点、勾、画）

1. 找出作者在文中提到的生物。

明确：蚂蚁、白蚁、蜜蜂、黏菌细胞、鲱鱼和飞鸟。

2. 这些生物有哪些特点？

明确：和人的行为十分相像。

3. 从哪些地方可以看出？

明确：（1）蚂蚁搬家、筑巢：一只独行的蚂蚁……四只或十只蚂蚁……数千蚂蚁的密集群体时，你看到它思考、筹划、谋算。

（2）蜜蜂采蜜：……

（3）黏菌细胞：细胞在每一个生命周期都存在着多个单独的动物合并成一个生物的现象。特点：团结一致、互相依存、互相联系、同步活动。

三、具体研习，合作探究

1. 对此作者有着怎样的看法？

明确：蚂蚁的确太像人了，人类的社会行为和生物的社会行为有极大的共性，并非水火不相容，而是可以相互比照的。

2. 作者提出的生物的社会性的深意。

明确：不是为了证明其他生物比人类更高明，而是为了反思人类行为。人类自以为优越于其他生灵，但人类和其他生物具有共同性，无论物种内部还是物种之间都有着互相依存的共生关系，彼此间还需要联合，需要协作，才能源源不断地产生智慧，否则我们就会陷入因为盲目的自我崇拜而带来的种种困境之中。

警醒人类不要盲目自大，要认识到自身的生存危机。

四、深剖细析，难点突破

1. 生物（昆虫）世界好比是一个小型的人类社会组织，人类社会行为和生物社会行为有极大的共性，其实人类比生物更具社会性，但我们人类社会出现了什么样的状况呢？

明确：

作者如是说 { 我们却并不经常感到我们的联合智慧

电路好像还在，即使并不总是通着电

2. 人类社会和生物社会比照，我们从中得到什么启示？

明确：更具社会性的人类社会，应该团结起来，相互交流，克服困难，发挥集体力量，运用联合智慧推动社会进步。

3. 举例说说人类由于盲目自大而面临着哪些生存危机。

明确：物种灭绝；人口数量猛增；环境污染加剧；全球气温升高；自然灾害频发；强权政治、霸权主义导致的战争冲突；核扩散和恐怖主义威胁；等等。

恩格斯说：不要过分陶醉于我们人类对自然界的胜利。对于每一次这样的胜利，自然界都要进行报复。

五、教师总结

作者谈论生物的社会性，焦点还是在反思人类行为，意在批判传统生物学人类中心主义甚至人类沙文主义的观念，强调人类要有自我反省的意识，不然就会陷入因为盲目的自我崇拜而带来的种种困境之中。无可否认，作者的论述有其幽默调侃的成分，观点有其牵强偏激之处，但他的视角是独特的，见解是独到的，议论是深刻的，读之给人以理性的启迪和美的享受。

六、作业

阅读《细胞生命的礼赞》。

七、板书设计

作为生物的社会
刘易斯·托马斯

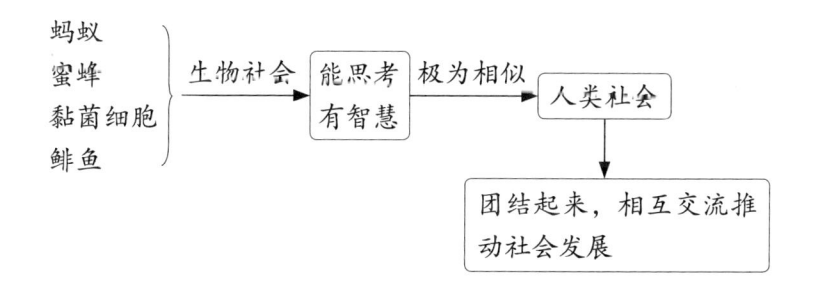

{蚂蚁, 蜜蜂, 黏菌细胞, 鲱鱼} → 生物社会 → [能思考 有智慧] → 极为相似 → [人类社会] → [团结起来，相互交流推动社会发展]

宇宙的未来

> **学习目标**
> 1. 整合信息,分析并归纳作者的观点。
> 2. 感受语言的幽默生动带来的亲和力和轻松感。

一、创设情境,导入新课

宇宙是怎样诞生的?它从何而来?又向哪里去?今天我们学习霍金的《宇宙的未来》,看霍金是怎么说的。

二、阅读文本,整体感知

1.阅读文章,提取信息。

(1)快速浏览全文,然后请用一句话简要地说出本文所讲内容。

明确:本文讲的是宇宙的未来问题,预测了两种结局:或膨胀,或坍缩。

(2)对宇宙未来的预言,关键是要弄清楚宇宙的什么问题?

明确:宇宙的平均密度是多少。

(3)作者认为宇宙的未来会是怎样的?

明确:会有两种可能,一是如果密度比临界值小,宇宙将永远膨胀;二是如果密度比临界值大，宇宙就会坍缩。

2. 归纳信息，理清思路。

（1）（第1段）：科学家有信心预言未来。

（2）（第2～5段）：巫师的预言模棱两可，宗教预言屡测屡败。

（3）（第6～13段）：科学家不能预言人类社会的未来，可以预言宇宙遥远的未来。

（4）（第14～16段）：宇宙未来的两种可能，取决于宇宙的平均密度。

（5）（第17～25段）：宇宙现在的密度接近临界点，所以两种可能都会发生。

（6）（第26段）：总结。

三、合作互动，思考探究

1. 为什么科学"不能预言人类社会的未来"，却"可以预言宇宙遥远的未来"？

明确：因为前者是混沌的，不确定的；而"宇宙的行为在非常大尺度下是简单的，而不是混沌的，因此，我们可以预言宇宙遥远的未来"。

2. 文章内容是谈对宇宙未来的预测，为什么开篇却谈巫师预言的尴尬、宗教预言的失败？

明确：作者先从古代的巫术和近代的宗教预言谈起，是为了引出话题，说明从科学的角度谈论宇宙的未来是非常严肃的事。科学有别于宗教的地方是它的求实精神，前者是有科学根据的，是运用天体物理学理论进行的科学推测、科学预言；而后者是没有科学根据可言的。其实，从上面的题目就可知道，人类社会的未来根本就是无法预言的，因为方程是混沌的，所以巫师、宗教预言家对人类社会的预言注定是荒唐的。

3. 根据作者的论述，我们目前所能看到的宇宙物质最多是"临界值"的百分之一，似乎不足以使宇宙坍缩。然而作者又指出，"也许存在足够的暗物质，使宇宙最终坍缩"呢。宇宙中存在暗物质的证据是什么？作者又举了哪两种假说，说明现在的宇宙密度可能就在临界状态？

明确："螺旋星系"，"必须存在某种看不见的物质形式，其引力吸引足以把这些旋转的星系牢牢抓住"。

"星系团"，"要不是引力吸引把星系抓到一起，这些星系团就会飞散开去……所以，在星系团中我们观测到的星系以外必须存在额外的暗物质"。

作者为了说明现在的宇宙密度可能就在临界状态，列举了两种假说，"一种是所谓的人择原理"，另一种是"极早期的宇宙暴涨理论"。

四、再读文本，品析语言

作为一篇关于宇宙未来的演讲词，本文除推理严谨之外，风趣幽默也是其语言特点，风趣幽默的语言使得这样一篇旨在说明科学道理的学术演讲，让人能够在一种轻松愉快的气氛中认真听下去。请同学们找出并品析。

1. "据说，1844年是第二次回归的开始，但是首先要数出获救者名单。只有数完了名单，审判日才降临到那些不列在名单上的人。幸运的是，数人名看来要花很长的时间。"

明确：这句话幽默中含着讽刺，揭露了宗教预言师的荒谬，表现了对方屡测屡败却又想方设法自圆其说的尴尬与可笑。

2. "如果暴涨理论是正确的，则宇宙实际上是处在刀锋上。所以我正是继承那些巫师或预言者的良好传统，两方下赌注，以保万无一失。"

明确：听众明知作者做的是科学的预言，和巫师他们完全不同，可作者却有意将自己降为他们的同类，一是说明自己恰好也有两种预测，二是顺势又对他们进行嘲讽。这种智慧的表达既带来了轻松愉悦的气氛，又大大增加了自己对听众的亲和力。

3. "……这些日期使股票市场下跌。虽然它使我百思不解，为何世界的终结会使人愿意用股票来换钱，假定你在世界末日什么也带不走的话。"

明确：这句话让人在笑声中悟到人类自身的某些缺陷和某些思维误区。

五、教师总结

《宇宙的未来》是一篇非常前沿同时也非常难懂的文章。我们学习这篇课文也仅仅是理清思路，读懂内容。从刚才同学们的回答情况来看，这个目标达到了。当然，霍金是一位非常伟大的科普作家，我们从《宇宙的未来》中还能够学习到的东西还很多，今天，我们仅仅弄懂这篇文章的内容，有兴趣的同学课下继续探究。

六、作业

阅读《时间简史》。

七、板书设计（略）